ABHANDLUNGEN
DER AKADEMIE DER WISSENSCHAFTEN DER DDR
Abteilung Veröffentlichungen der Wissenschaftlichen Räte
Jahrgang 1982 · Nr. W 3

34. Tagung des Wissenschaftlichen Rates
für die wirtschaftswissenschaftliche Forschung
bei der Akademie der Wissenschaften der DDR
am 3. 11. 1981

Fragen der weiteren Stärkung der materiell-technischen Basis

Fragen der weiteren Stärkung
der materiell-technischen Basis zur Sicherung
eines hohen volkswirtschaftlichen Leistungsanstiegs
auf der Grundlage der Wirtschaftsstrategie
der 80er Jahre

AKADEMIE-VERLAG · BERLIN 1982

Herausgegeben im Auftrage des Präsidenten
der Akademie der Wissenschaften der DDR
von Vizepräsident Prof. Dr. Heinrich Scheel

Verantwortlich für dieses Heft:
Akademiemitglied Prof. Dr. sc. Dr. h. c. Helmut Koziolek
Vorsitzender des Wissenschaftlichen Rates
für die wirtschaftswissenschaftliche Forschung
bei der Akademie der Wissenschaften der DDR

Redaktionsschluß: 31. 12. 1981

ISSN 0303-8054
Erschienen im Akademie-Verlag, DDR - 1086 Berlin, Leipziger Str. 3—4

Lizenznummer: 202 · 100/68/82
Gesamtherstellung: IV/2/14 VEB Druckerei »Gottfried Wilhelm Leibniz«, 4450 Gräfenhainichen
Bestellnummer: 754 113 8 (2001/82/3/W) · LSV 0325
Printed in GDR
DDR 11,– M

Inhaltsverzeichnis

* Schriftlich eingereichter Beitrag.

* Schriftlich eingereichter Beitrag.

1. Einführungsvortrag

H. Koziolek

Wirtschaftswachstum und Entwicklung der materiell-technischen Basis [1]

Es ist eine entscheidende Frage, sich über die Maßstäbe der Leistungssteigerung in der Wirtschaft der DDR klar zu sein. Die Entwicklung der materiell-technischen Basis und ihre Nutzung muß so erfolgen, daß die hochgesteckten Ziele realisiert werden können. Die fundamentale Aufgabe bei der weiteren Gestaltung der entwickelten sozialistischen Gesellschaft in der DDR besteht in der konsequenten Verwirklichung der zehn Punkte der ökonomischen Strategie, die Maßstab allen Handelns ist. Sie sind Ausdruck jener Faktoren, von denen das weitere stabile und dynamische Wachstum der Volkswirtschaft der DDR abhängt, sie charakterisieren die Erfordernisse der weiteren Intensivierung auf allen Gebieten der gesellschaftlichen Produktion und Reproduktion.

Ausgehend von den Beschlüssen des X. Parteitages der SED hat inzwischen die Volkskammer der DDR den Entwurf des Fünfjahrplanes 1981–1985 beraten und beschlossen. Im Mittelpunkt steht die Fortführung der Politik der Hauptaufgabe in ihrer Einheit von Wirtschafts- und Sozialpolitik in den achtziger Jahren. Das materielle und kulturelle Lebensniveau des Volkes wird sich auf der Grundlage eines hohen Entwicklungstempos der Produktion, der Erhöhung der Effektivität des wissenschaftlich-technischen Fortschritts und des Wachstums der Arbeitsproduktivität weiter steigern. Hauptinhalt des Fünfjahrplans ist folglich die Wirtschaftsstrategie. Auf ihre Durchsetzung sind die Wettbewerbsinitiativen des von den Gewerkschaften organisierten Wettbewerbs unter der Losung: „Hohes Leistungswachstum durch steigende Arbeitsproduktivität, Effektivität und Qualität – Alles für das Wohl des Volkes und den Frieden“ gerichtet.

Um es ganz eindeutig festzustellen: Der Maßstab für die Wirksamkeit aller wirtschaftspolitischen Maßnahmen, für die Entwicklung der materiell-technischen Basis unserer Volkswirtschaft und natürlich nicht weniger für die Einschätzung der wirtschaftswissenschaftlichen Arbeit ist die weitere kontinuierliche Durchführung der Hauptaufgabe. Es muß ferner darüber Klarheit bestehen, daß die Bedingungen zur Erfüllung der Hauptaufgabe einem starken dynamischen Wandel unterliegen. Seit dem X. Parteitag der SED und der Zeit seiner Vorbereitung haben erneut bedeutsame außenpolitische und -wirtschaftliche Veränderungen stattgefunden.

Diesen speziellen Fakten und der Dynamik der Entwicklungsbedingungen in unserer Zeit muß auch die Wirtschaftswissenschaft der DDR Rechnung tragen.

Alle Fragen der Wirtschaftsstrategie, alle zehn Punkte der ökonomischen Strategie sind untrennbar verbunden mit den Richtungen der Entwicklung der materiell-technischen Basis. Einen neuen Schritt in der Verbindung der Vorzüge des Sozialismus mit der wissenschaftlich-technischen Revolution zu machen, ist undenkbar, ohne sich Klarheit über die Richtungen der Entwicklung der materiell-technischen Basis zu verschaffen. Die Konzentration des volkswirtschaftlichen Potentials auf solche Schwerpunkte

1 Überarbeitete Fassung.

der Entwicklung, die von der breiten Einführung der Mikroelektronik bis zur ökonomischen Energieumwandlung reichen, zeugen davon, wie wichtig es ist, solch eine Thematik zu untersuchen, wie den Ausbau der materiell-technischen Basis im Zusammenhang mit der Energiewirtschaft und ihrer Ökonomie und der Einsparung des Potentials.

Wie begründen wir das theoretisch, wie erreichen wir die gleiche Wirkung, die aber doch sehr stark unterschiedliche Ausrüstungen benötigt? Oder ist unser Bestreben nicht immer noch sehr stark auf den Ausbau der materiell-technischen Basis gerichtet und weniger auf das Einsparungspotential? Das ist eine ganz erhebliche Frage; hier spielen auch psychologische Probleme im wirtschaftlichen Denken eine bedeutende Rolle.

Von der zunehmenden Konzentration zeugen 66 komplex bilanzierte Staatsaufträge für Wissenschaft und Technik, 157 Aufträge für Spitzenleistungen, z. B. für die Erhöhung der Qualität der Erzeugnisse, für hochproduktive technologische Verfahren und für NSW-Importablösungen. Sie wirken auf die Veränderung der materiell-technischen Basis – das ist ihr Sinn – und sind zugleich von ihr abhängig.

Die Arbeitsproduktivität wird 1981–1985 voraussichtlich auf ca. 128,5% gesteigert werden müssen. Das entspricht einer Arbeitszeiteinsparung von ca. 3 Mrd. Stunden. Damit wird gegenüber dem Zeitraum 1976–1980 eine Steigerung auf das Doppelte notwendig. Die Frage ist, wie diese Steigerung der Arbeitsproduktivität durch die künftige Entwicklung der materiell-technischen Basis gesichert wird. Mit der Senkung des Verbrauchs an Rohstoffen und Materialien – diese Frage ist untrennbar mit der weiteren Entwicklung der materiell-technischen Basis verbunden – will die DDR erstmals in den nächsten Jahren eine sinkende Tendenz des Produktionsverbrauchs erreichen. Das geht natürlich nicht ohne eine richtige Formierung und Profilierung der materiell-technischen Basis, wobei eine Reihe theoretischer Probleme zu klären ist, z. B. unbedingt das Problem der Doppelzählungen für diese volkswirtschaftliche Rechnung.

Die Steigerung der Produktion um durchschnittlich jährlich 5,8% muß mit einem durchschnittlich jährlichen Mehrverbrauch an Hauptrohstoffen von nur 0,2% erreicht werden. Die Leistungen, die damit in der Produktion erbracht werden müssen, können nur durch eine entsprechende Profilierung der materiell-technischen Basis erzielt werden. Die Effektivität der Arbeit, die sozialistische Rationalisierung, die neuen Maßstäbe für die Investitionspolitik oder für die Entwicklung hochwertiger Konsumgüter, die Dynamik der Leistungsentwicklung des Nationaleinkommens usw. sind untrennbar mit der Profilierung der materiell-technischen Basis unter äußerst komplizierten Bedingungen verbunden.

Die Wissenschaftler der DDR haben auf vielfältige Weise Gedanken dazu entwikkelt. Es sei hier verwiesen auf das Buch der Akademie für Gesellschaftswissenschaften beim ZK der SED „Zur materiell-technischen Basis in der DDR"; desgleichen auf die Arbeiten über Bedürfniskomplexe, die im Zentralinstitut für Wirtschaftswissenschaften der Akademie der Wissenschaften der DDR begonnen wurden und inzwischen eine bedeutende Erweiterung erfahren haben. Die Hauptanregungen für die Entwicklung der materiell-technischen Basis entstammen vor allem der Analyse der Entwicklung der Bedürfniskomplexe. Wir müssen also alle vertikalen Prozesse, die Struktur der materiell-technischen Basis unter dem Blickwinkel der Befriedigung der Bedürfniskomplexe untersuchen. Diese Arbeiten haben eine große Bedeutung genauso wie die Arbeiten zur Erschließung der Naturressourcen. Es gibt aber immer noch Ökonomen, die Naturressourcen vom Arbeitsprozeß getrennt betrachten. Die vorhandenen wertvollen Arbeiten, auch zu Fragen der Intensivierung, gehören zu den Grundlagen unserer weiteren Forschungsarbeit. Wir fangen also nicht beim Stande Null an.

Auf der 3. Tagung des ZK der SED hat Genosse Erich Honecker noch einmal betont, daß das Wirtschaftswachstum nun unmittelbar abhängig ist von den weiteren Fortschritten der Intensivierung – „und zwar auf allen Gebieten der gesellschaftlichen Produktion. Faktisch lassen sich die Fonds an Energie, Rohstoffen und Material ebensowenig weiter vergrößern wie die Anzahl der Arbeitskräfte. Auch die Investitionen, die uns zu Gebote stehen, sind streng begrenzt. Weiterer Produktionsanstieg führt also über ein besseres Verhältnis von Aufwand und Ergebnis durch konsequente Intensivierung. Einen anderen Weg gibt es nicht.“[2]

Stärkung der materiell-technischen Basis, Wirtschaftswachstum und Steigerung der Arbeitsproduktivität sind Aufgaben von zentraler Bedeutung für die Gestaltung der entwickelten sozialistischen Gesellschaft, für die weitere zielstrebige Verwirklichung unserer auf das Wohl des Volkes und den Frieden gerichteten Politik. Nur durch die Höherentwicklung der materiell-technischen Basis kann jene stetige Steigerung der Arbeitsproduktivität gewährleistet werden, von der der ökonomische Fortschritt getragen wird. Gerade darauf aber beruht die zunehmende Reife der sozialistischen Gesellschaft in allen ihren Bereichen. Wie bereits Marx begründete, ermöglicht – unter den Bedingungen der politischen Macht der Arbeiterklasse und des sozialistischen Eigentums – die Fähigkeit der Gesellschaft, für die Befriedigung bestimmter Bedürfnisse möglichst wenig Zeit aufzuwenden, „mehr Zeit . . . zu anderer Produktion, materieller oder geistiger“[3] zu gewinnen.

In unserer Gesellschaft wächst diese Fähigkeit vor allem im Maße der Fortschritte in der Intensivierung der gesellschaftlichen Produktion. Diese wird im Programm der SED als der Hauptweg der wirtschaftlichen Entwicklung der DDR gekennzeichnet, weil sie jenen Leistungsanstieg in der Volkswirtschaft gewährleistet, „der für die Erhöhung des Lebensniveaus der Menschen sowie für die ständige Modernisierung und den Ausbau der materiell-technischen Basis des Sozialismus in der Deutschen Demokratischen Republik und für die Schaffung grundlegender Voraussetzungen des allmählichen Übergangs zum Kommunismus unerläßlich ist“[4].

Auch diese programmatische Festlegung fußt auf Marxschen Erkenntnissen, ist er es doch gewesen, der die Unterscheidung von extensiver und intensiver Reproduktion und deren Besonderheiten theoretisch ausgearbeitet hat. Hier sei nur auf seine Feststellung hingewiesen, „daß die Akkumulation, die Verwandlung von Mehrwert in Kapital, ihrem realen Gehalt nach Reproduktionsprozeß auf erweiterter Stufenleiter ist, ob diese Erweiterung extensiv in Gestalt der Zufügung neuer Fabriken zu den alten oder in der intensiven Ausdehnung der bisherigen Stufenleiter des Betriebs sich ausdrücke.“[5]

Auf dem X. Parteitag hat Genosse Erich Honecker unterstrichen, daß die ökonomische Strategie für die achtziger Jahre entschieden von der intensiv erweiterten Reproduktion ausgeht und die sozialistische Intensivierung immer mehr zu einem bestimmenden Wesensmerkmal unserer Planwirtschaft wird.[6] Konsequent den Weg der Intensivierung als Grundlage der wirtschaftlichen Entwicklung zu gehen, ist keine Ermessensfrage. Es ist die einzige Möglichkeit, ohne zusätzliche Arbeitskräfte und mit im wesentlichen

2 3. Tagung des ZK der SED, Aus dem Bericht des Politbüros an das ZK der SED, Berichterstatter: Genosse Erich Honecker, Berlin 1981, S. 30.

3 K. Marx, Grundrisse der Kritik der politischen Ökonomie, Berlin 1953, S. 89.

4 Programm der Sozialistischen Einheitspartei Deutschlands, Berlin 1976, S. 26–27.

5 K. Marx, Das Kapital, Zweiter Band, in: K. Marx, F. Engels, Werke (im folgenden: MEW), Bd. 24, Berlin 1963, S. 322.

6 Vgl. Bericht des Zentralkomitees der Sozialistischen Einheitspartei Deutschlands an den X. Parteitag der SED, Berichterstatter: Genosse Erich Honecker, Berlin 1981, S. 59 und 60.

gleichbleibenden Fonds an Rohstoffen und Energie Jahr um Jahr die Produktion steigern zu können. Es sind sowohl die inneren wie die äußeren Bedingungen der gesellschaftlichen Entwicklung des Sozialismus, die es notwendig machen, bei der weiteren Intensivierung der Produktion noch zielstrebiger vorwärtszugehen und dabei alle Bereiche einzubeziehen. Wie die Beschlüsse des XXVI. Parteitages der KPdSU und des X. Parteitages der SED belegen, besteht darin – wie in der Gesamtpolitik unserer beiden Bruderparteien – völlige Übereinstimmung.

Die Höherentwicklung der materiell-technischen Basis ist vor allem deswegen die entscheidende Grundlage der weiteren Gestaltung der entwickelten sozialistischen Gesellschaft, weil sie unbedingt erforderlich ist für die weitere Steigerung der Arbeitsproduktivität, die zunehmende Reife der sozialistischen Gesellschaft in allen ihren Bereichen, aber vor allem auch auf dem ökonomischen Fortschritt beruht. Es ist sehr bedeutsam, daß in der DDR – aber auch in anderen sozialistischen Ländern – in den letzten Jahren die Fragen der materiell-technischen Basis, insbesondere die Entwicklung der Produktivkräfte, auch theoretisch voll in die politische Ökonomie des Sozialismus integriert wurden. Es ist gelungen, Prozesse, die die Technik tangieren, voll einzubeziehen. Das ist eine außerordentlich bedeutsame theoretische Leistung aller Politökonomen, die sich dieser Wechselbeziehung zwischen Produktivkräften und Produktionsverhältnissen zeitgemäß gestellt haben. Damit sind auch Fragen, die weit in die philosophische Problematik, in weltanschauliche Probleme hineinragen, beantwortet worden, z. B. das Wechselverhältnis von Produktivkräften und Produktionsverhältnissen, die Rolle der Produktivkräfte bei der Ausgestaltung der entwickelten sozialistischen Gesellschaft.

An dieser Stelle sei hier an Lenins Aussagen erinnert, die er über den Zusammenhang von Produktivität und gesellschaftlicher Organisation sowie sozialistischer Produktionsweise überhaupt getroffen hat. Lenin schrieb, als er die Bedeutung der Steigerung der Arbeitsproduktivität für die Gestaltung des Sozialismus zum Ausdruck brachte: Nachdem die Arbeiterklasse die Macht erobert und gefestigt hat, tritt die Aufgabe in den Vordergrund, „eine Gesellschaftsform zu schaffen, die höher ist als der Kapitalismus, nämlich: die Steigerung der Arbeitsproduktivität und im Zusammenhang damit (und zu diesem Zweck) die höhere Organisation der Arbeit."[7] An anderer Stelle betont er, daß die Steigerung der Arbeitsproduktivität konzentrierter Ausdruck der grundlegenden Lebensinteressen der sozialistischen Gesellschaft ist, deren Wahrnehmung zu einer unablässigen Stärkung der ökonomischen, sozialen und politischen Grundlagen der sozialistischen Ordnung, zur ständigen progressiven Umwälzung und Höherentwicklung der sozialistischen Produktions- und Lebensweise führt. Genau davon lassen wir uns bei der Verwirklichung der Wirtschaftsstrategie leiten.

Die wachsende Rolle der materiell-technischen Basis sowie die konkreten Anforderungen an ihre volle Nutzung und weitere Stärkung leiten sich aus der Tatsache ab, daß die konsequente Fortführung der Politik der Hauptaufgabe in ihrer Einheit von Wirtschafts- und Sozialpolitik den Dreh- und Angelpunkt allen weiteren gesellschaftlichen Fortschritts verkörpert. Die Gestaltung der ökonomischen Strategie zur weiteren Lösung der Aufgaben von gesellschaftlicher Tragweite erfordert die energische Erhöhung der Effektivität der gesellschaftlichen Arbeit, ein hohes und stabiles Wachstum des Nationaleinkommens und die Senkung des Produktionsverbrauchs. Diese Schritte haben in der qualitativen Vervollkommnung der materiell-technischen Basis auf der Grundlage weiterer bedeutender Schritte zur organischen Verbindung der Vorzüge des Sozia-

7 W. I. Lenin, Die nächsten Aufgaben der Sowjetmacht, in: Werke, Bd. 27, Berlin 1960, S. 247.

lismus mit den Errungenschaften der wissenschaftlich-technischen Revolution ihre entsprechende materielle Grundlage.

Bereits in den „Grundrissen der Kritik der politischen Ökonomie“ machte Karl Marx auf den engen Zusammenhang aufmerksam, der zwischen der Entwicklung der Wissenschaft und der Ausnutzung der Natur durch den Menschen, der Weiterentwicklung der stoffumwandelnden Prozesse bis hin zu den Vorgängen der Höherveredlung – wie wir heute sagen – besteht.

Eng damit verbunden ist, so stellt Karl Marx fest, „die Entdeckung, Schöpfung und Befriedigung neuer aus der Gesellschaft selbst hervorgehenden Bedürfnisse; die Kultur aller Eigenschaften des gesellschaftlichen Menschen und Produktion desselben als möglichst bedürfnisreichen“[8]. Und Lenin formulierte, daß der Sieg des Sozialismus nur möglich ist, wenn die Gestaltung der Wirtschaft „auf den Ergebnissen der Wissenschaft und darum auch der Heranbildung eines gewaltigen Stamms wissenschaftlich geschulter Spezialisten beruht.“[9] Ganz im Sinne solcher Erkenntnisse geht es darum, den volkswirtschaftlichen Wirkungsgrad von Wissenschaft und Technik wesentlich zu erhöhen.

Die Praxis bestätigt die fundamentale wissenschaftlich-technische Erkenntnis, daß Fortschritte bei der weiteren Gestaltung der entwickelten sozialistischen Gesellschaft letztlich ihren Ursprung in der planmäßigen Höherentwicklung der Produktivkräfte haben. Von wesentlicher Bedeutung ist, ständig der Einheit und Wechselwirkung zwischen Ausbau der materiell-technischen Basis und der umfassenden sozialistischen Intensivierung der volkswirtschaftlichen Reproduktionsprozesse gerecht zu werden. In der Literatur entsteht mitunter der Eindruck, daß man die Intensivierung oft nur als Prozeß der laufenden Produktion ansieht. Die Kernfrage ist aber, daß die Intensivierung an der Spitze des Reproduktionsprozesses steht, ihn natürlich auch durchzieht, also die gesamte Reproduktion erfaßt. Die gegenwärtigen Maßstäbe und Bedingungen des Wirtschaftswachstums erfordern, die Intensivierung der gesellschaftlichen Produktion, die Beschleunigung des wissenschaftlich-technischen Fortschritts und die Stärkung der materiell-technischen Basis als einen einheitlichen Prozeß zu verwirklichen. Das bedeutet, die grundlegenden Aufgaben beim weiteren Ausbau der materiell-technischen Basis werden immer stärker durch die Notwendigkeit bestimmt, zu einer höheren Stufe der Intensivierung überzugehen, die auf ihre *umfassende* Verwirklichung gerichtet ist.

Weitere Aufgaben ergeben sich auch daraus, daß die Erfordernisse der Intensivierung beim weiteren Ausbau der materiell-technischen Basis eine große Rolle spielen. Verstärkt interessieren uns Antworten auf solche Fragen, die auf dem X. Parteitag gestellt wurden, insbesondere die Sicherung der Energie- und Rohstoffbasis, die zu einer wesentlichen Änderung in unserem Denken in bezug auf die Erweiterung und Einsparung zwingen. Die Sicherung der Energie- und Rohstoffbasis bei wesentlich erhöhtem Wirkungsgrad des Einsatzes von Energieträgern und bedeutender Verbesserung der Materialökonomie – vor allem auf dem Wege der Veredlung, wobei die Politökonomen auch theoretisch die Wirkung der Veredlung auf den Wertbildungsprozeß zu analysieren, also deutlich das Ergebnis des Veredlungsprozesses herauszuarbeiten haben –, stellt den Wirtschaftswissenschaftlern Aufgaben, die ihnen keiner abnehmen kann.

Wissenschaftlich-technischer Fortschritt und Steigerung der Arbeitsproduktivität müssen in engster Beziehung zum entscheidenden Schwerpunkt des gegenwärtigen Fünfjahrplans, der hohen Veredlung, umfassenden Nutzung und Verwertung der zur Ver-

8 K. Marx, Grundrisse der Kritik der politischen Ökonomie, a. a. O., S. 312.

9 W. I. Lenin, Rede auf dem I. Kongreß der Volkswirtschaftsräte, in: Werke, Bd. 27, a. a. O., S. 407.

fügung stehenden Energieträger, Roh- und Werkstoffe über alle Stufen der Produktion gesehen werden. Es ist eine sehr große Anforderung an das geistig-schöpferische Potential, an die fleißige Arbeit aller, den erforderlichen Leistungsanstieg und die Bereitstellung von mehr und besseren Endprodukten für die Versorgung der Bevölkerung, für die Volkswirtschaft und den Export mit der annähernd gleichen Menge an Rohstoffen und Energie zu bewältigen. Der Aufwand an volkswirtschaftlich wichtigen Energieträgern, Rohstoffen und Material, bezogen auf eine Einheit industrieller Warenproduktion – so wurde auf der 3. Tagung des ZK festgestellt –, ist durchschnittlich jährlich um 6,1% zu senken, darunter die Energieintensität um mindestens 5%, Walzstahl in der metallverarbeitenden Industrie um 6,8%, Zement im Bauwesen um 5%. In allen Kombinaten und Betrieben kommt es darauf an, aus jedem Kilogramm Rohstoff durch qualifizierte Arbeit in größerem Umfang hochwertige Erzeugnisse herzustellen.

Erich Honecker verwies darauf, daß an den großen volkswirtschaftlichen Programmen der Höherveredlung alle Zweige mitzuwirken haben, von der Rohstofferzeugung bis zur Finalproduktion, und daß das Profil der Volkswirtschaft der DDR in diesem Prozeß neue Züge erhält, die dem Antlitz eines hocheffektiv arbeitenden Industrielandes der 80er Jahre immer mehr entsprechen.[10] Es ist die Funktion der qualifizierten Arbeit im Sozialismus, im Zusammenhang mit der Vervollkommnung der Struktur der Volkswirtschaft entsprechend den zu befriedigenden Bedürfnissen, aus Rohstoffen, Material und Energie so viel hochwertige Erzeugnisse herzustellen, wie es die Ausnutzung der Erkenntnisse der Naturwissenschaft und Technik auf ihrem „höchsten Punkt" und die bestmögliche Organisation des Reproduktionsprozesses ermöglicht. Die Nutzung der qualifizierten Arbeit, d. h. ihre Fähigkeit, Material und Energie hochwirksam umzuwandeln, ist dabei der Kern. So ist sicher auch die Erkenntnis von Karl Marx äußerst aktuell, daß die Auslagen für Rohstoffe und Maschinerie nicht unbedingt wachsen müssen, um einen Surpluswert zu erhalten. Das tritt ein, wenn das Produkt „höhern finish erhält, höhern Gebrauchswert und also der Gebrauchswert des Produkts wächst"[11].

Im Zusammenhang mit der Aufgabe, die Höherveredlung, verknüpft mit modernen Verfahren und Technologien, über alle Produktionsstufen durchzusetzen, z. B. die Mikroelektronik, die Robotertechnik und die elektronische Rechentechnik in der Breite der Volkswirtschaft mit hohem Nutzeffekt anzuwenden, wird nachhaltig die Notwendigkeit unterstrichen, die Verknüpfung der Stufen und Sicherung der erforderlichen Komplexität in und zwischen den Zweigen und Kombinaten wirksamer zu gestalten. Auch hier gelten Zusammenhänge, die unsere Klassiker für ihre Zeit formulierten. Denken wir z. B. an Lenins Ausführungen zum GOELRO-Plan; oder denken wir an die Feststellung von Karl Marx, daß die Entwicklung der Produktivkraft der Arbeit in einem Produktionszweig „die zum Teil wieder zusammenhängen mag mit Fortschritten im Gebiet der geistigen Produktion, namentlich der Naturwissenschaft und ihrer Anwendung, als die Bedingung der Verminderung . . . der Kosten, der Produktionsmittel in andern Industriezweigen" erscheint.[12] Schon im ersten Band des „Kapitals" schrieb er: „Die Umwälzung der Produktionsweise in einer Sphäre der Industrie bedingt ihre Umwälzung in der andren", weil sie sich „als Phasen eines Gesamtprozesses verschlingen."[13]

10 Vgl. Bericht des Zentralkomitees der Sozialistischen Einheitspartei Deutschlands an den X. Parteitag der SED, Berichterstatter: Genosse Erich Honecker, a. a. O., S. 53 f.

11 K. Marx, Grundrisse der Kritik der politischen Ökonomie, a. a. O., S. 330.

12 K. Marx, Das Kapital, Dritter Band, in: MEW, Bd. 25, Berlin 1964, S. 91.

13 K. Marx, Das Kapital, Erster Band, in: MEW, Bd. 23, Berlin 1962, S. 404.

Die Wirkung einer solchen Entwicklung der materiell-technischen Basis auf dem Wege der Veredlung ist eine wichtige Frage, die die Politökonomen zu beantworten haben. Wissenschaftlich-technischer Fortschritt, Steigerung der Arbeitsproduktivität und hohes Qualitätsniveau der Produktion in volkswirtschaftlicher Breite über alle vorgelagerten Stufen bis zum Finalprodukt zu verwirklichen, stellen eine untrennbare Einheit dar. Die Warenproduktion von Spitzenleistungen mit dem Gütezeichen „Q" soll bis 1985 auf etwa 100 Mrd. M steigen. Das bedeutet hohe Anforderungen an die Verbesserung des Masse-Leistungsverhältnisses durch Forschungs- und Entwicklungsarbeit, große Fortschritte in der Höherveredlung überhaupt, ausgedrückt in entsprechenden Gebrauchswertparametern, Kosten, Lebensdauer, Zuverlässigkeit, Formgestaltung etc.

Die Klassiker des Marxismus-Leninismus haben stets die Einheit von Wert und Gebrauchswert betont. So schreibt Karl Marx über den wechselseitigen Zusammenhang von Quantität und Qualität durch die Steigerung der Arbeitsproduktivität: „Die Vermehrung der Produktivkraft bezieht sich aber auch auf Qualität; doch nur auf Quantität für ein gegebnes Produkt von bestimmter Qualität"[14].

Friedrich Engels schrieb über die Qualität der Produkte in einer „künftigen Gesellschaft", daß die „Nutzeffekte der verschiedenen Gebrauchsgegenstände, abgewogen untereinander und gegenüber den zu ihrer Herstellung nötigen Arbeitsmengen, ... den Plan schließlich bestimmen"[15] werden.

Zu den Bereichen der Infrastruktur ist hervorzuheben, daß die Erhöhung der Effektivität der Wissenschaft der DDR auch ein konsequentes Anpassen an die weitere Gestaltung der Infrastruktur erfordert, sowohl zweigmäßig als auch territorial, sowohl hinsichtlich der Infrastruktur der Produktion als auch der Bereiche außerhalb der Produktion, oder da wo es gemeinsame Wirkungen gibt. Eine noch nicht entsprechend den Erfordernissen ausgestaltete Infrastruktur oder ihre ungenügende Modernisierung führt nachträglich zu Verlusten, die die Produktion als Erfolg zunächst hervorgebracht hat.

In der DDR sind die für die Stärkung der materiell-technischen Basis verfügbaren Mittel durch die außerordentlich hohen Vorleistungen erheblich beansprucht sowohl für die Entwicklung der Energie- und Rohstoffwirtschaft als auch für die breite Einführung revolutionierender wissenschaftlich-technischer Entwicklungen. Das verstärkt die Notwendigkeit, das ökonomische Wachstum prinzipiell auf dem Wege der sozialistischen Intensivierung zu erreichen, d. h. aus dem bestehenden volkswirtschaftlichen Kreislauf, vor allem aus der qualitativen Vervollkommnung der materiell-technischen Basis zu bewirken. Die Fähigkeit, alles Vorhandene voll zu nutzen, durch Modernisierung und Rekonstruktion zu vervollkommnen, es überhaupt mit wachsender Effektivität zu nutzen, spielt eine entscheidende Rolle. Die Entwicklung der Produktion von Ausrüstungen und Maschinen, von Zulieferungen und Ersatzteilen für den Export und die durchgreifende Verbesserung des technischen und technologischen Niveaus der gesamten Produktion muß illusionslos untersucht werden. Das gilt voll auch für Probleme der einfachen Reproduktion als Quelle der erweiterten im Zusammenhang mit den Investitionen. Das Problem ist, daß die Benutzung der einfachen Reproduktion als Quelle der erweiterten konsequent die Modernisierung erfordert. Sie erfolgt nicht irgendwo, sondern sie erfordert Maßnahmen der Modernisierung und eine Einstellung der Produktion auf die Erfüllung der Anforderungen der intensiv erweiterten Reproduktion, wenn sie eine solche Wirkung erzielen soll. Man darf nicht von den Wertbeziehungen

14 K. Marx, Grundrisse der Kritik der politischen Ökonomie, Berlin 1953, S. 283.

15 F. Engels, Herrn Eugen Dührings Umwälzung der Wissenschaft („Anti Dühring"), in: MEW, Bd. 20, Berlin 1962, S. 288.

her das Problem der Amortisationen (Abschreibungen) und ihres Rückflusses mit der Wirkung der einfachen Reproduktion als Quelle der erweiterten Reproduktion verwechseln. Darüber hinaus muß man die Investitionen als einen einheitlichen Prozeß in ihrer Wirkung betrachten. Man darf hier nicht nur die Fonds „Amortisationen" und „Neuinvestitionen" sehen, sondern man muß in der Wirkung auf den Reproduktionsprozeß die Investitionen auch als einen einheitlichen Prozeß von Modernisierung und Erneuerung betrachten. Die Erhöhung der Grundfondsökonomie hängt erheblich davon ab, wie bei wertmäßig einfacher Reproduktion der Fonds Quellen der Erweiterung der Produktion durch steigenden Gebrauchswert und höhere Leistungsparameter der Ausrüstungen erschlossen werden. Generell mißt Marx der Nutzung des vorhandenen Potentials und eben auch in diesem Sinne der einfachen Reproduktion eine große Bedeutung bei. Sorgfältige Beachtung verdient seine auf den kapitalistischen Reproduktionsprozeß bezogene Feststellung: „Die Entwicklung der Produktivkraft der Arbeit reagiert auch auf das Originalkapital oder das bereits im Produktionsprozeß befindliche Kapital." Mit steigender Arbeitsproduktivität und wissenschaftlich-technischem Fortschritt tritt als Ersatz für ausgeschiedene Arbeitsmittel „wirkungsvollere und, ihren Leistungsumfang betrachtet, wohlfeilere Maschine, Werkzeug, Apparat usw. an die Stelle der alten. Das alte Kapital wird in einer produktiveren Form reproduziert, abgesehn von der fortwährenden Detailveränderung an den vorhandnen Arbeitsmitteln . . . Jede Einführung beßrer Methoden usw. wirkt hier also fast gleichzeitig auf Zuschußkapital und bereits in Funktion begriffnes Kapital."[16]

Es gibt viele solcher Hinweise bei Marx, in denen er z. B. das Verhältnis von Modernisierung und Erneuerung direkt beschreibt, und es gibt solche Hinweise auch bei Engels und sie sind zeitbezogen und theoretisch interessant. Hervorzuheben ist hier die Erhöhung der Grundfondseffektivität im Zusammenhang mit der Erhöhung der Effektivität der Investitionen. Die Hauptlinie in der Investitionspolitik ist bekanntlich der verstärkte Einsatz der Investitionen für Rationalisierungszwecke, um die Effektivität des Reproduktionsprozesses als ganzes bedeutend zu erhöhen. Hierfür ist die zu sichernde planmäßige Verbindung von Wissenschaft, Technik und Investitionen von hervorragender Bedeutung. Die aus der Nutzung der Ergebnisse von Wissenschaft und Technik resultierenden Potenzen werden in hohem Maße durch Erneuerung und Modernisierung auf dem Wege der sozialistischen Rationalisierung der bereits vorhandenen materiell-technischen Basis eingesetzt statt vorwiegend zu ihrer Erneuerung. Dieser Prozeß muß auch von uns theoretisch weiter durchdacht werden. Wir finden die Grundlagen in dem eingangs erwähnten Buch der Genossen der Akademie für Gesellschaftswissenschaften beim ZK der SED enthalten. Entsprechend der arbeits-, energie- und materialsparenden sowie der die Grundfondseffektivität erhöhenden Wirkung von Wissenschaft und Technik, von denen tiefgreifende Einflüsse auf Tempo und planmäßigen Verlauf der intensiv erweiterten Reproduktion ausgehen, wird die weitere Vervollkommnung der materiell-technischen Basis, wie dies auf dem X. Parteitag der SED von Genossen Erich Honecker dargelegt wurde, vor allem bestimmt durch neue Basistechnologien, der Mikroelektronik u. a.

Die Entwicklung der materiell-technischen Basis auf dem Wege der Intensivierung besteht darin, daß die für die Sicherung der neuen Produktion erforderlichen Ressourcen an Arbeitskräften, Energie und Rohstoffen und teilweise auch an produktiven Fonds aus dem vorhandenen Potential erfolgt. Dies ist ein entscheidendes Erfordernis des Wirtschaftswachstums mit wachsender Effektivität. Die Wirkung der Intensivierung auf

16 K. Marx, Das Kapital, Erster Band, in: MEW, Bd. 23, a. a. O., S. 631 und 632.

die materiell-technische Basis zeigt sich darin, daß die Einsparung von lebendiger Arbeit zunehmend nicht durch zusätzlichen Aufwand an Produktionsmitteln erreicht wird. Künftig muß vielmehr die Steigerung der Arbeitsproduktivität mit einer Senkung der Energie-, Material- und Grundfondsintensität bei der Produktion des Nationaleinkommens verbunden sein. Die Intensivierung der Ressourcenwirtschaft ist verbunden mit einer solchen Verteilung der Investitionen, die die Erweiterung der Energie- und Rohstoffbasis in erheblichem Maße durch Einsparung ermöglicht. Obgleich die Einsparung von Energie und Rohstoffen den größten Teil des Wirtschaftswachstums tragen muß, ist natürlich ebenso der weitere Ausbau der Energie-, Rohstoff- und Materialbasis als untrennbarer Bestandteil der Entwicklung der materiell-technischen Basis erforderlich. Der erreichte Veredlungsgrad der Energie-, Rohstoff- und Materialbasis wird zu einem wichtigen Maßstab der Reife von Wissenschaft und Technik und ihrer produktiven Nutzung. Die Vervollkommnung der materiell-technischen Basis durch Intensivierung schließt die erhöhte Nutzung hochwertiger Konsumgüter ein.

Kein Erfordernis der ökonomischen Strategie ist Selbstzweck. Sie alle dienen der Durchführung der Politik der Hauptaufgabe. Dabei ist es ein Schwerpunkt, wesentlich mehr hochwertige Konsumgüter für die Bevölkerung zu produzieren und das vor allem auf der Basis heimischer Rohstoffe, verbunden mit größerer Nutzung der Erkenntnisse des wissenschaftlich-technischen Fortschritts auch in diesem Bereich (und mit einem hohen Niveau der Formgestaltung). Dies gilt besonders für die Nutzung der Möglichkeiten der Produktionsmittelindustrie. So ist für den Fünfjahrplan eine wesentliche Steigerung der Konsumgüterproduktion, einschließlich der notwendigen Zuliefererzeugnisse und Vorstufen vorgesehen. Erhebliche Verbesserungen in der Qualität sind geplant. So soll im Bereich des Ministeriums für Leichtindustrie die Produktion mit Gütezeichen „Q" auf 156%, des Ministeriums für Glas und Keramikindustrie auf 261% etc. gesteigert werden. Und die produktionsmittelherstellende Industrie hat die Aufgabe, ihren Beitrag zur Konsumgüterproduktion, insbesondere durch die Entwicklung und Produktion hochwertiger Konsumgüter bzw. durch gezielte Steigerung der Produktion von Rationalisierungsmitteln und Baugruppen für die Konsumgüterproduktion konsequent zu erhöhen. Untrennbar war für Karl Marx die wachsende Befriedigung der Bedürfnisse der sozialistischen Gesellschaft verbunden mit der Ökonomie der Zeit, worunter er im Prinzip möglichst niedrige Aufwendungen an gesellschaftlicher Arbeit durch Erhöhung der Produktivität für die planmäßige Bedürfnisbefriedigung verstand.

Die Produktion von hochwertigen Konsumgütern in allen Bereichen der Volkswirtschaft auf der Grundlage der Veredlung heimischer Rohstoffe ist ebenfalls untrennbar verbunden mit neuen Überlegungen zur Entwicklung der materiell-technischen Basis. In bezug auf die hochwertigen Konsumgüter muß noch deutlicher herausgearbeitet werden, daß es nicht genügt, nur den Produktionsverbrauch bei der Produktion der Konsumgüter zu senken. Es ist zu beachten, daß bei ihrer Nutzung, gemessen am Weltniveau, der Verbrauch einer Reihe unserer technischen Konsumgüter an Energie, Material usw. so hoch ist, daß in kürzester Zeit die Produktionsverbrauchseinsparungen durch den hohen Energieverbrauch übertroffen werden, z. B. bei Fernsehgeräten und bei Kühlschränken. Auch gilt das für den Strom- und Wasserverbrauch bei Waschmaschinen. Auch die Konsumgüter, mindestens die langlebigen, muß man in ihrer Wirkung voll in den gesamten Kreislauf einschließen, ob das Wohnungen, Kühlschränke oder Waschmaschinen sind. Das gilt nicht nur unter dem Blickwinkel der Bedürfnisbefriedigung, sondern auch unter dem Aspekt der Minimierung des Aufwandes beim Funktionieren der Konsumgüter im Reproduktionsprozeß. Die vielfach anzutreffende Haltung gegenüber den Konsumgütern in der Literatur ist also zu präzisieren. Nicht nur die Verwendung, die gesamte Wirkung muß berücksichtigt werden. Auf den vorliegenden ersten Arbeitsergebnissen sollte weiter aufgebaut werden.

Schließlich ist auch die Entwicklung und Vervollkommnung der materiell-technischen Basis durch Intensivierung sowie die materiell-technische Ausstattung der nichtmateriellen Bereiche und ihre rationelle Nutzung für Stabilität und Effektivität der ökonomischen und sozialen Entwicklung der entwickelten sozialistischen Gesellschaft von größter Bedeutung. Wir verfügen noch nicht über genügend fundierte Arbeiten auf dem Gebiet der Entwicklung der materiell-technischen Basis, der Erhöhung ihrer Effektivität im nichtmateriellen Bereich, obwohl dieser Bereich immer umfangreicher wird. Die soziale Wirksamkeit der weiteren Stärkung der materiell-technischen Basis durch Intensivierung findet ihren Ausdruck in den folgenden Gesichtspunkten, wobei der Hauptgesichtspunkt der sozialen Wirkung der materiell-technischen Basis durch Intensivierung in der Entwicklung der Bedürfniskomplexe liegt. Die für die weitere Ausgestaltung der entwickelten sozialistischen Gesellschaft durchzuführenden Arbeiten auf dem Gebiet der Bedürfniskomplexe – nicht im Sinne der Normen, sondern vom Weg der Ausrüstungen bis zum Endprodukt zur Befriedigung der Bedürfnisse über die verschiedenen Stufen hinweg – berühren eine Kernfrage und sind natürlich zutiefst auch für die soziale Entwicklung von großer Bedeutung.

Hervorgehoben seien:

– die weitere Ausprägung des sozialistischen Charakters der Arbeit, insbesondere durch zunehmend geistig-schöpferische Anforderungen im Arbeitsprozeß und effektive Nutzung des vorhandenen Bildungspotentials, durch Reduzierung und Beseitigung gesundheitsschädlicher und körperlich schwerer und eintöniger Tätigkeiten in allen Bereichen der Volkswirtschaft,

– die Gestaltung solcher Arbeitsbedingungen, die die Entwicklung sozialistischer Persönlichkeiten fördern und dazu beitragen, das Bedürfnis nach Arbeit zum wichtigsten Lebensbedürfnis auszuprägen,

– die weitere Minderung vorhandener sozialer Unterschiede zwischen geistiger und körperlicher Arbeit, zwischen Stadt und Land usw.

Die weitere Stärkung der materiell-technischen Basis ist nicht nur Bedingung für die erforderliche soziale Entwicklung, sondern zugleich Ergebnis sozialer Effektivität in allen Klassen und Schichten. Es ist eine große Herausforderung an die schöpferische Kraft der Wissenschaftler, der Konstrukteure und Technologen, der Verfahrenstechniker, an das Können und die Fähigkeit unserer hochqualifizierten Facharbeiter – betonte Genosse Erich Honecker auf dem X. Parteitag der SED.

Von erheblicher Bedeutung für die planmäßige Gestaltung der materiell-technischen Basis der Volkswirtschaft bei der weiteren Ausprägung der entwickelten sozialistischen Gesellschaft ist die Erhöhung der Leistungskraft der Kombinate entsprechend den gesamtgesellschaftlichen Erfordernissen. Dafür ist die weitere Ausprägung ihrer materiellen Struktur, d. h. ihrer wissenschaftlich-technischen Kapazität, des Produktionssortiments, der Entwicklung der Arbeitsmittel und der Technologie, der planmäßigen Spezialisierung und Kooperation sowie Kombination entscheidend. Die schwierigste Frage der weiteren Gestaltung der Kombinate – wenn man von ihren Merkmalen ausgeht, die wir verallgemeinert haben – ist die weitere innere Ausgestaltung der Kombinate vom Standpunkt des Vergesellschaftungsprozesses. Wie ist die materiell-technische Basis eines Kombinats zu gestalten, um den relativ geschlossenen Reproduktionsprozeß zu erreichen und was heißt relativ geschlossener Reproduktionsprozeß? Wir können die Entwicklung der Kombinate nicht mehr nur pauschal untersuchen, sondern wir brauchen empirische Forschungen für die weitere Entwicklung der Kombinate. Auch die Anforderungen an die Gestaltung der materiell-technischen Basis der Kombinate sind sehr verschieden, und daher gibt es viele Möglichkeiten für die Wirtschaftswissenschaft hier zu helfen. Die Entwicklung der materiell-technischen Basis in den Kombinaten kann sich prinzipiell nur durch die intensive Reproduktion vollziehen, d. h. vor allem dadurch, daß die Investitionen nicht den erreichten Stand der Produktivkräfte konservieren dürfen. Marx verband stets die qualitative Vervollkommnung der Produktion unter den Bedingungen einer entwickelten Industrie mit dem wissenschaftlich-technischen Fortschritt. Die materiell-technische Basis in den Kombinaten muß so gestaltet sein, daß sie aufnahmebereit ist für wissenschaftlich-technische Neuerungsprozesse. Wir beobachten sehr stark, daß bei uns Neuerungsprozesse oft nicht planmäßig genug verlaufen. Dazu gehören auch der Zyklus Wissenschaft–Technik–Produktion und die Ausbreitungsgeschwindigkeit der Neuerungen.

Für jedes Kombinat besteht die Aufgabe, die ökonomisch günstigste Variante der Vervollkommnung der materiell-technischen Basis durch Intensivierung anzusteuern. Das heißt, in erster Linie mit den vorhandenen Grundmitteln und ihrer Modernisierung progressive technologische Lösungen zu realisieren. Schließlich bedeutet die Forderung, die Investitionen nur in Richtung der Intensivierung für die Produktion vorzunehmen, daß sich die Intensivierung keinesfalls nur auf Rationalisierungsinvestitionen beschränkt. Diese Forderung gilt gleichermaßen für Investitionen, die aus Kapazitätsgründen erforderlich werden. Auch diese Investitionen müssen auf dem höchsten Niveau von Wissenschaft und Technik vollzogen werden, sie müssen in der Vorbereitung und Durchführung voll den Maßstäben der Intensivierung entsprechen. Wir haben auf diesem Gebiet noch beträchtliche Reserven – wie Untersuchungen in verschiedenen Territorien zeigen, vor allem hinsichtlich der Zeit ihrer Durchführung.

Die Stellung des Menschen als Subjekt der Produktion und Hauptproduktivkraft, des Menschen als Schöpfer und Nutzer der materiell-technischen Basis muß von uns in diesem Prozeß genügend herausgearbeitet werden. Die Erhöhung des Nutzeffekts seiner lebendigen Arbeit bedingt eine effektive Nutzung der materiell-technischen Basis. Ich möchte hier nur andeuten, daß wir, im Zusammenhang mit der materiell-technischen Basis und der Schwedter Initiative u. a., den sozialen Prozessen im Zusammenhang mit dem wissenschaftlich-technischen Fortschritt bei uns theoretisch größere Aufmerksamkeit schenken müssen. Es ist genauso notwendig, von der Strategie her im Zusammenhang mit der Veränderung der materiell-technischen Basis, die sozialen Prozesse, die Veränderungen in den sozialen Prozessen, Objekt für Objekt und in jedem Territorium gründlich zu untersuchen. Solche Untersuchungen zeigen eine Fülle von Problemen, denen wir uns auch von der Theorie her stellen müssen. Hauptaspekte bei der Erhöhung der Effektivität der lebendigen Arbeit durch Stärkung der materiell-technischen Basis sind die planmäßige Entwicklung und Verteilung des gesellschaftlichen Arbeitsvermögens in Verbindung mit der Veränderung der Produktions- und Arbeitsorganisation, mit dem Ziel, Arbeitsplätze einzusparen und freigesetzte Arbeitskräfte rechtzeitig auf neue Tätigkeiten vorzubereiten. Es lohnt sich also, so ein Beispiel wie Schwedt auch vom Standpunkt der Entwicklung der materiell-technischen Basis her gründlich zu untersuchen und nicht nur vom Standpunkt der Einsparung an Arbeitskräften. Die Beschleunigung der Intensivierung der Produktion durch die Erhöhung des Wirkungsgrades des Arbeitsvermögens, insbesondere durch höchstmögliche Nutzung des geistigen Potentials der Werktätigen, die planmäßige Verbindung der wissenschaftlichen Arbeitsorganisation mit den Erfordernissen der Rationalisierung und dabei die zunehmende Verbindung der wissenschaftlichen Arbeitsorganisation als Bestandteil des wissenschaftlich-technischen Fortschritts mit den modernen Technologien und die weitere Entwicklung des sozialistischen Eigentümerbewußtseins, der damit verbundenen Schöpferkraft und Initiative der Werktätigen hängen eng zusammen.

Genosse Erich Honecker hat es als zum ABC sozialistischer Leitung gehörend charakterisiert, stets „enge, vertrauensvolle Beziehungen zu den Arbeitskollektiven zu pflegen, sie ständig über ihre Aufgaben zu informieren und mit ihnen rechtzeitig neue Lösungen zu beraten."[17] Das schließt alle Probleme des Arbeitsklimas und der sozialen Bedingungen, der Ordnung und Sicherheit ein. Dies ist eine grundlegende Bedingung für die Massenbewegung der Werktätigen in der Volkswirtschaft der DDR im Kampf um eine wirksame Leistungssteigerung und um die Ausschöpfung der gewachsenen Möglichkeiten, in der Mehrzahl der Kombinate das Niveau der Fortgeschrittenen zu erreichen.

Vor der Wirtschaftswissenschaft der DDR stehen im Zusammenhang mit dem Problem, die Leitung und Planung voll auf die Erfordernisse der intensiv erweiterten Reproduktion und einer dementsprechenden Entwicklung der materiell-technischen Basis einzustellen, neue Aufgaben. Wir befinden uns dabei, was das grundlegende Herangehen, die stattfindenden Diskussionen und erste Arbeitsergebnisse belegen, in voller Übereinstimmung mit den sowjetischen Wirtschaftswissenschaftlern.

Es ist notwendig, daß die Wirtschaftswissenschaftler der DDR – was die Theorie betrifft – sich noch stärker an der Diskussion über Merkmale und Kennziffern des ökonomischen Wachstums beteiligen. Die Verlagerung des Schwergewichts von der vorwiegenden Erweiterung der Produktionsmaßstäbe auf die qualitative Veränderung der Produktion erhöht die Anforderungen an die Methodologie der Planung und Abrechnung. Die gegenwärtig in der ökonomischen Theorie und in der planökonomischen Arbeit üblichen Begriffe und Kennziffern des ökonomischen Wachstums spiegeln noch vor allem die Entwicklung der Produktionsmaßstäbe wider. Sie eignen sich aber noch nicht genügend für die Messung von Struktur, Sortiment und Qualität in der Wirtschaft.[18]

Die gegenwärtig herrschende Aufwandkonzeption der Messung der Produktionsergebnisse ist zu unterstützen, weil sie z. Z. das Beste ist bei der Analyse großer volkswirtschaftlicher Prozesse; sie muß unbedingt stärker mit dem gesellschaftlichen Nutzen in Einklang gebracht werden, wobei die Produktionsergebnisse nach dem Grad der Bedürfnisbefriedigung zu messen sind. Es geht um die Bewertung der Produktion und ihrer Entwicklung im Zusammenhang mit der Entwicklung der materiell-technischen Basis. Aufwand und gesellschaftlicher Nutzen muß in eine Linie gebracht werden.

Damit verbunden muß als eines der aktuellen Hauptprobleme der ökonomischen Entwicklung die Erneuerung des Sortiments der Erzeugnisse und Dienstleistungen stärker berücksichtigt werden. Infolge der raschen qualitativen Veränderungen wird es zunehmend weniger möglich, die Maßstäbe der Produktion in verschiedenen Zeiträumen zu vergleichen. Noch gibt es keine Lösungen, das Tempo des Sortimentsumschlags zu messen.

Die Notwendigkeit der höheren Mobilität aller Arten von Produktionsressourcen erfordert, die produktive Infrastruktur qualitativ zu entwickeln und so rationell wie möglich zu nutzen, um alle Zeitverzögerungen in der Volkswirtschaft zu reduzieren, d. h. im Kreislauf der Reproduktion überhaupt und im Zyklus wissenschaftlich-technischer Neuerung bis zum Absatz.

Die Herausarbeitung der Hauptrichtungen und Faktoren der Intensivierung hat große

17 3. Tagung des ZK der SED, Aus dem Bericht des Politbüros an das ZK der SED, Berichterstatter: Genosse Erich Honecker, a. a. O., S. 33.

18 A. Ančiškin, Osnovnye napravlenija intensifikacii obščestvennogo proizvodstva, in: Obščestvennye nauki, 4/1981, S. 5.

theoretische und praktische Bedeutung, d. h. auch für die Ausarbeitung von Methoden zur planmäßigen Einwirkung auf die Intensivierungsprozesse.

Im Zusammenhang mit Problemen der Hauptrichtungen der Intensivierung der gesellschaftlichen Produktion widmet sich der sowjetische Ökonom Ančiškin vor allem Fragen der qualitativen Veränderungen der Reproduktion, Fragen ihrer Messung und planmäßigen Gestaltung. Er geht u. a. davon aus, daß die zunehmende Rolle der qualitativen Wachstumsfaktoren auch eine Veränderung im Herangehen an die Gestaltung effektiver Proportionen erfordert. Er fordert m. E. zu Recht einen Übergang von der vorwiegend quantitativen Sicht zu einer Bilanziertheit intensiven Typs. Schlußfolgernd stellt er hierbei in den Vordergrund:

– Orientierung auf solche Proportionen der Reproduktion, daß die gesamte Effektivität der lebendigen Arbeit und der Produktionsmittel schneller wächst als der Gesamtaufwand;
– Entwicklung der Volkswirtschaft auf der Grundlage beschleunigter Strukturveränderungen und der Zielorientierung des wissenschaftlich-technischen Fortschritts;
– Beschleunigung des Umschlags aller Arten von wissenschaftlich-technischen und Produktionsressourcen in der Volkswirtschaft, Zeitverkürzung zwischen Aufwand und Nutzeffekt.

Auch hier muß man stärker empirisch untersuchen und messen, um theoretisch fundierter über die Zeitverkürzung sprechen zu können.

Unter den Bedingungen der Gestaltung des entwickelten Sozialismus tritt die Gesamteffektivität der gesellschaftlichen Arbeit immer mehr in den Vordergrund; die weitere dynamische Entwicklung der sozialistischen Volkswirtschaft erfordert ein solches Wachstum des Nationaleinkommens, eine solche Dynamik der Produktionsgrundfonds und des Arbeitsaufwandes, der Erneuerungsnormen der Grundfonds u. a. Kennziffern, daß Ergebnisse in bezug auf die Gesamteffektivität der lebendigen und vergegenständlichten Arbeit erzielt und auch so betrachtet werden müssen.

Es gibt eine Reihe weiterer Fragen der Messung im Zusammenhang mit der Entwicklung der materiell-technischen Basis und der Durchsetzung des wissenschaftlich-technischen Fortschritts. Tiefergehende Forschungsarbeit ist u. a. zu der Frage zu leisten, wie arbeitssparende Richtungen des wissenschaftlich-technischen Fortschritts bei der Intensivierung der gesellschaftlichen Produktion – so wie das 1978 auf der Wirtschaftswissenschaftlichen Konferenz entwickelt wurde – von den fondssparenden Richtungen ergänzt werden müssen. Das ist eine Diskussion, die auch in der Sowjetunion stattfindet. Unsere Analysen sind noch nicht ausreichend. Antworten auf diese Fragen sind nicht einfach, da bekanntlich ein stabiles Wachstum der Arbeitsproduktivität heute noch von einer sinkenden Fondsquote in der Volkswirtschaft begleitet ist. In den bisherigen Entwicklungsetappen konnte diese Aufgabe noch nicht gelöst werden. Heute sind jedoch die Voraussetzungen dafür vorhanden, eine solche Technik und Technologie zu entwikkeln, die sowohl zu einer Steigerung der Arbeitsproduktivität als auch zu wachsender Fondsquote führen kann und muß. Das hängt zusammen mit dem Umfang der Fonds, die schon in der Volkswirtschaft vorhanden sind, mit ihrer Qualität, ihrer Altersstruktur usw. Aber es hängt auch von der Fondspolitik ab. Es ist ein Grundsatz bei der Entwicklung der materiell-technischen Basis im entwickelten Sozialismus, daß die Steigerung der Arbeitsproduktivität verbunden ist mit einer wachsenden Fondsquote.

Die Beispiele zeigen, daß unter den gegenwärtigen Bedingungen bei der Lösung der aufgeworfenen Fragen verstärkte empirische Forschungen notwendig sind. Wir brauchen sie, um zu theoretischen Verallgemeinerungen zu gelangen, vielmehr aber noch, um damit in Verbindung durch praktikable Vorschläge einen wirkungsvollen Beitrag für die Durchführung der Beschlüsse des X. Parteitags zu leisten.

2. Diskussion

W. Heinrichs

Materiell-technische Basis und Ressourceneinsparung

Zunächst möchte ich den im Referat enthaltenen Gedanken und Problemstellungen meine Zustimmung geben. Ebenso wie Genosse Koziolek möchte ich die theoretische methodologische Bedeutung des Themas der heutigen Ratstagung hervorheben. Es ist einem Schlüsselproblem der vom X. Parteitag beschlossenen Wirtschaftsstrategie gewidmet. Mit der gründlichen und systematisch weiter zu betreibenden Forschung zu ökonomischen Aspekten der materiell-technischen Basis verschaffen wir uns einen breiteren Zugang zu dem produktiven und reproduktiven Prozeß der ökonomischen Verwertung von Wissenschaft und Technik. Diese Herangehensweise unterscheidet sich beträchtlich von jener, die Wissenschaft und Technik entweder nur als eine der Produktion vorgelagerte Phase in der erweiterten Reproduktion ansieht, oder die allein den Überleitungsprozeß zum Forschungsgegenstand macht.

Mit reproduktionstheoretischen Forschungen zur materiell-technischen Basis verschaffen wir uns zugleich neue Berührungspunkte in der interdisziplinären Arbeit mit naturwissenschaftlichen Disziplinen. Im reproduktiven Prozeß der ökonomischen Verwertung von wissenschaftlich-technischen Neuerungen haben ökonomische Kriterien das Primat. Nicht alles das, was technisch möglich ist, ist ökonomisch realisierbar. Aber ist erst einmal über die Nutzung bestimmter wissenschaftlich-technischer Richtungen (nach ökonomischen Kriterien) entschieden worden, dann müssen solche Bedingungen geschaffen werden, daß diese Richtungen mit dem höchsten volkswirtschaftlichen Effektivitätszuwachs verwertet werden können.

Nicht zuletzt können ökonomische Forschungen zur materiell-technischen Basis einen Beitrag zur weiteren und notwendigen Klärung der gegenwärtigen und künftigen Wirkungsbedingungen des Gesetzes der Übereinstimmung des Charakters und Niveaus der Produktivkräfte mit den sozialistischen Produktionsverhältnissen leisten. Mit der schrittweisen Verwirklichung der Wirtschaftsstrategie verändern sich die Wirkungsbedingungen dieses Gesetzes, schreitet der Vergesellschaftungsprozeß voran. Es erweist sich, daß die sozialistischen Produktionsverhältnisse in ihrer jetzigen sozialökonomischen Ausgestaltung sich insgesamt als gesellschaftliche Entwicklungsformen der Produktivkräfte bewähren, und es bedarf künftig der vollen Ausschöpfung ihrer Vorzüge. Das schließt zugleich ein, daß einzelne Seiten der sozialistischen Produktionsverhältnisse Schritt für Schritt weiter vervollkommnet werden müssen. Das betrifft unter anderem die Lenkung der materiellen Interessen der Gesellschaft, der Kombinate und Betriebe sowie der einzelnen Werktätigen auf die Durchsetzung eines höheren Grades der Ressourceneinsparung bei Aufrechterhaltung eines hohen Tempos in der Steigerung der Arbeitsproduktivität und bei bedeutenden Fortschritten in der Grundfonds-(Investitions-)Ökonomie. Auch bedarf die Funktionsweise der sozialistischen Produktionsverhältnisse im Hinblick auf die volle Ausschöpfung der qualifizierten Arbeit bei der Wertschöpfung und bei der Wertübertragung weiterer Überlegungen und praktischer Vervollkommnung, da auf diesen Prozessen in beachtlichem Maße die ökonomischen Effekte der Veredlung beruhen. Das betrifft die Preise, die Selbstkosten, die wirtschaftliche Rechnungsführung ebenso wie die Leistungsbewertung der Kombinate und Betriebe.

Bei der Vervollkommnung der materiell-technischen Basis spielen die Wechselbeziehungen von Ressourceneinsparung und Zuwachs der Effektivität eine hervorragende Rolle, da die materiell-technische Basis die Funktion ausübt, Vorlauf für die weitere Vertiefung der intensiv erweiterten Reproduktion zu schaffen. Die ökonomische Verwertung von Wissenschaft und Technik muß im nächsten Fünfjahrplanzeitraum wie in den 80er Jahren überhaupt einen entscheidenden Beitrag dazu leisten, daß eine höhere Form des intensiven Reproduktionstyps gesichert und auf dieser Grundlage ein stabiles ökonomisches Wachstum erreicht wird. So sieht es die Wirtschaftsstrategie vor. Die Größe dieser Vorhaben, die tiefgreifende Wirkungen auf den künftigen Verlauf der erweiterten sozialistischen Reproduktion auslösen werden, kann unter anderem an dem in den letzten 20 Jahren verlaufenden Reproduktionsprozeß ermessen werden. Unser ökonomisches Wachstum vollzog sich auf der Grundlage einer Steigerung der Arbeitsproduktivität, die auf einer z. T. bedeutenden Erweiterung des Grundfondsbestandes basierte. Während dieser Zeit überstiegen die jährlichen Wachstumsraten der Grundfonds im großen und ganzen die der Produktivitätssteigerung. Gleichzeitig war mit der Steigerung der Arbeitsproduktivität auch verbunden, daß in einer Zeiteinheit mehr Energie verbraucht und Stoffe gewandelt wurden. Unser ökonomisches Wachstum beruhte somit auf einem arbeitszeitsparenden, aber energie-, material- und grundfondintensiven Typ der erweiterten sozialistischen Reproduktion. Allerdings waren die von der Steigerung der Arbeitsproduktivität ausgehenden Einflüsse auf den Effektivitätszuwachs so stark, daß sie trotz wachsender Anteile beim Produktionsverbrauch und trotz ansteigender einmaliger Aufwände (Investitionen) das ökonomische Wachstumstempo nicht nennenswert beeinflußten. Traten dennoch hin und wieder Spannungen auf, so konnten sie durch einen zeitweiligen Zuwachs an Beschäftigten in den produzierenden Bereichen (namentlich in der Industrie mit dem höchsten Beitrag zum Nettoprodukt) wettgemacht werden, wenngleich auch zum Teil zu Lasten des notwendigen Beschäftigtenzuwachses in den nichtproduzierenden Bereichen der Volkswirtschaft. Diese Varianten des Faktoreneinsatzes sind in den 80er Jahren wegen der bekannten Veränderungen in den Reproduktionsbedingungen entweder nicht mehr möglich, oder aber ihr Wirkungsgrad wird auf das ökonomische Wachstum, verglichen zu den 60er und 70er Jahren, stark eingeschränkt. Welche tiefgreifenden Veränderungen sich im Reproduktionsverlauf bis Mitte 1985, verglichen zu den 70er Jahren, vollziehen müssen, zeigt folgende Aufstellung:

	1971/75	1981/85
Zuwachsrate der industriellen Warenproduktion : Zuwachsrate volkswirtschaftlich wichtiger Energieträger, Rohstoffe und Materialien	1 : 0,6	1 : 0,1
Zuwachsrate des Nationaleinkommens : Zuwachsrate der Grundfonds	1 : 1,1	1 : 0,8
Zuwachsrate der industriellen Warenproduktion : Zuwachsrate der Arbeiter und Angestellten	1 : 0,2	1 : 0,1

Obgleich aus der Aufstellung hervorgeht, daß wir schon die 70er Jahre gut genutzt haben, den Anteil der Einsparungen an volkswirtschaftlich wichtigen Energieträgern, Rohstoffen und Materialien gegenüber dem Aufkommenszuwachs zu erhöhen, so wird dennoch deutlich, daß die Einsparungen an Energie, Rohstoffen und Materialien in den 80er Jahren von Jahr zu Jahr Dimensionen annehmen müssen, die denen der Steigerung der Arbeitsproduktivität im Hinblick auf ihre wachstumsbeeinflussenden Wirkungen in den 70er Jahren etwa entsprechen. Das heißt, wir müssen in einem noch zügigeren Tempo in den 80er Jahren über den arbeitszeitsparenden nun auch den ressourcensparenden Typ der Intensivierung durchsetzen – und dies bis zum Jahre 1985 sogar mit einer sinkenden Grundfondsintensität.

Hierdurch werden neue Substitutionsbeziehungen zwischen lebendiger und vergegenständlichter Arbeit in Form des einmaligen und laufenden Aufwandes ausgelöst. Ihre Vielfalt nimmt zu. Jedoch bleibt die Substitution der lebendigen durch vergegenständlichte Arbeit die hauptsächlichste Substitutionsbeziehung. Das hängt einmal mit dem Menschen als Hauptproduktivkraft und damit mit seiner produktiven Fähigkeit zusammen, mehr vergegenständlichte Arbeit in Bewegung zu setzen. Zum anderen brauchen wir aber auch weiterhin eine stabile und hohe Steigerung der Arbeitsproduktivität wegen der begrenzenden Bedingungen des Arbeitskräftezuwachses in der Mitte der 80er Jahre, die bekanntlich aus demographischen Gegebenheiten resultieren. Gegenüber den 70er Jahren muß in den 80er Jahren die Arbeitsproduktivität im wachsenden Maße zur absoluten Freisetzung von Arbeitskräften beitragen. Und schließlich verringert sich auch als Folge der Steigerung der Arbeitsproduktivität jener Teil der lebendigen Arbeit, der weniger qualifiziert ist. Dafür wird der Anteil qualifizierter Arbeit zunehmen, weil sich gleichzeitig die Gebrauchswert- und wertbildende Potenz (Veredlung) des gesellschaftlichen Gesamtarbeiters erhöht.

Dieser Grundprozeß wird allerdings durch einige neue Substitutions- und Resubstitutionsprozesse vermittelt, deren Wirkungen zum Teil gegenläufiger Natur sind. So ist beispielsweise für die derzeitige Entwicklung charakteristisch, daß die Senkung des spezifischen Energieverbrauchs (in Naturalform) durch wachsende Aufwandstendenzen für Energieträger (wertmäßig) kompensiert und sogar überkompensiert wird. Dahinter verbergen sich nicht nur formale Wert/Preis-Bewegungen, sondern reale ökonomische Vorgänge, u. a. derart, daß für eine zusätzliche Energieeinheit oder gar für die Reproduktion der gleichen Energieeinheit mehr Aufwand an Grundfonds, Energie und Arbeitskräften erforderlich ist, als durch die Senkung des spezifischen Verbrauchs Energie, Grundfonds und Arbeitskräfte eingespart werden. Nach unseren Berechnungen stieg bei einer Senkung des Verbrauchs an Primärenergie von durchschnittlich 2,2% jährlich (in Naturalform) im Zeitraum 1960 bis 1980 hingegen der wertmäßige Aufwand des Primärenergieverbrauchs um das 1½-fache. Somit konnten die Einsparungen ihrem physischen Volumen nach nicht die wertmäßigen Aufwandstendenzen kompensieren. An diesen Entwicklungstendenzen zeigt sich erneut die Wirkung grundlegend veränderter Reproduktionsbedingungen bei Brennstoffen und Rohstoffen und ihr langfristiger Einfluß auf die Wachstumsbedingungen der Volkswirtschaft und ihrer Struktur. Diese Verflechtungsbeziehungen werden aber nur sichtbar, wenn man die direkten und vollen Aufwände mit volkswirtschaftlichen Endergebnissen analysiert.

Die stärkere Berücksichtigung der Verflechtungsbeziehungen erweist sich ebenfalls bei der Bewertung von Veredlungsstrategien als unumgänglich. Zunächst ist die Veredlung selbst eine von der volkswirtschaftlichen Gesamteffektivität abgeleitete Kategorie. Eine Veredlung um ihrer selbst willen kann und darf es nicht geben. Bei gegebenem Nutzen liegt ein höherer Grad der Veredlung dann vor, wenn dieser Nutzen mit einem geringeren Aufwand an Energie und Rohstoffen erzielt wurde (Einsparung im engeren Sinne). Wir haben es jedoch auch dann mit einer Veredlung zu tun, wenn ein höherer Nutzen (Gebrauchswertsteigerung) mit höherem, gleichem oder gar niedrigerem Energie- bzw. Materialaufwand und Aufwand an lebendiger Arbeit erzielt wurde. Jedoch muß in diesem Fall die Gebrauchswertsteigerung unbedingt in einem schnelleren Tempo zunehmen, als der Gesamtaufwand (einschließlich der an Grundfonds) dafür steigt. Gewöhnlich ist dies der Fall, wenn Energie bzw. Rohstoffe zu einer höheren Verarbeitungsstufe geführt werden und mit der Wertübertragung zugleich ein zusätzliches Wertprodukt (bezogen auf eine Einheit bzw. Rohstoffeinsatz) geschaffen wird. In den unterschiedlichen Anteilen der Selbstkosten für Rohbraunkohle an den Preisen für Braunkohlenbriketts, an der Elektroenergie, am Stadtgas, an Wärme usw. kann beispielsweise dieser Veredlungsvorgang werttheoretisch nachvollzogen werden.

Eine stärkere volkswirtschaftliche Orientierung ist ebenfalls bei der Bewertung von Effektivitätsvor- bzw. -nachteilen bei Energieeinsparung und (oder) der Erweiterung des Energieaufkommens geboten. Freisetzungsaufwände und ihr Vergleich mit Erweiterungsaufwänden erfolgen gewöhnlich auf der Grundlage von Vergleichen spezifischer Aufwände. So lag nach Experteneinschätzungen der spezifische Aufwand für die Senkung der Energieverluste in der DDR bei 50/GJ, während er für die Erweiterung des Energieaufkommens 155/GJ betrug. Würde man stärker zu volkswirtschaftlichen Dimensionen bei der Bewertung derartiger Vergleiche übergehen – was meines Erachtens notwendig ist –, müßte man bei der Erfassung volkswirtschaftlicher Aufwände zumindest noch hinzuzählen

- den Aufwand für den Transport von Energieträgern,
- die Importaufwände für Brennstoffe und Energieträger unter Berücksichtigung veränderter Austauschverhältnisse für Energieträger und Verbrauchsgüter – die sogenannten terms of trade –,
- Investitionsanteile im Schwermaschinenbau,
- Ertragsausfälle in der Landwirtschaft, bedingt durch den Neuaufschluß von Tagebauen,
- Aufwendungen für Infrastruktur sowie für konkrete Maßnahmen des Umweltschutzes.

Derartige Bewertungen vorzunehmen, ist eine ständige Aufgabe, weil ihre Ergebnisse fortwährenden Änderungen unterworfen sind. Das betrifft einerseits den Aufwand für die Erweiterung, nicht zuletzt hervorgerufen durch die Dynamik der Weltmarktpreise für Energieträger. Nicht nur für die vorwiegend von den OPEC-Ländern Erdöl beziehenden Volkswirtschaften, sondern auch für die künftigen Reproduktionsbedingungen der DDR ist es von Einfluß, in welchem Ausmaß sich im folgenden Jahrzehnt die Preisdynamik vollziehen wird. Vielleicht noch wichtiger ist, ob das Erdöl auch weiterhin die Rolle des Preisführers unter den Brennstoffen und im gewissen Sinne auch unter anderen Rohstoffen spielen wird, oder aber ob diese Rolle an andere Energieträger teilweise oder gänzlich abgetreten wird (z. B. Erdgas). Zum anderen verändert sich der Aufwand für die Energieeinsparung selbst. Nach unseren Berechnungen resultiert der Hauptteil der gegenwärtigen Energieeinsparung noch aus dem anhaltenden Abbau von sogenannten Verschwendungspotentialen, während ein geringer Teil schon materiell-technisch bedingt ist. Nicht zuletzt hat die Makrostruktur unserer Volkswirtschaft in dem zurückliegenden Jahrzehnt die Senkung des Primärenergieverbrauchs begünstigt, zumindest nicht verschlechtert, da der Anteil der Grundstoffindustrie an der industriellen Produktion in den letzten 5–10 Jahren nicht angestiegen ist. Dafür ist allerdings der Import von Brennstoffen und Energieträgern bedeutend gewachsen. Je höher das

Tempo des Wirtschaftswachstums, desto schneller werden gerade die Einsparungspotentiale aufgebraucht, die keine nennenswerten Forschungs-, Entwicklungs- und Investitionsaufwände verlangen. Im Zeitraum bis 1985 und darüber hinaus treten wir in eine Phase der Energieeinsparung ein, in der die Substitution von Energie durch Grundfonds zu einem gewichtigen Faktor des künftigen Wirtschaftswachstums wird. Die spezifischen und vollen Aufwände für die Energieeinsparung werden dann stärker steigen, wovon auch Wirtschaftlichkeitsvergleiche von Energieeinsparungen mit der Erweiterung des Energieaufkommens betroffen sind. Der Zeitpunkt, zu dem sich beide Aufwandskurven treffen werden, kann Mitte der 90er Jahre oder einige Jahre später liegen, je nachdem, welche Dynamik die Aufwandstendenzen bei Erdöl, bei Kohle (einschl. Braunkohle), bei Kernenergie bis dahin aufweisen werden und welche Fortschritte bei der ökonomischen Nutzung der Kohlevergasung bzw. -verflüssigung und bei anderen progressiven wissenschaftlich-technischen Lösungen erreicht werden. Hier eröffnet sich ein Spektrum interessanter reproduktionstheoretischer Problemstellungen für die künftige Forschungsarbeit.

Zusammenfassend will ich auf drei Aspekte künftiger Forschungen hinweisen:

1. Der weitere Übergang zur intensiv erweiterten sozialistischen Reproduktion schließt unbedingt die Herausbildung des ressourcensparenden Typs ein. Ressourceneinsparung muß zum Effektivitätszuwachs der Volkswirtschaft einen wachsenden Beitrag leisten, indem der Produktionsverbrauch gesenkt und gleichzeitig mit geringerem Ressourceneinsatz ein höherer Nutzen erzielt wird, der sich auch im Nationaleinkommenszuwachs reflektieren muß. Grundsätzlich darf die Ressourceneinsparung nicht zu Lasten der Arbeitszeiteinsparung und zu Lasten der Grundfondsquote verlaufen, denn das wäre mit einer wachstumshemmenden Wirkung verbunden.

2. Die Wirkungen der Ressourceneinsparung auf den Effektivitätszuwachs weisen mehrere Zeitdimensionen auf, vor allem dann, wenn man an die Substitutionsbeziehungen denkt, die mit der Einsparung von Energie, Rohstoffen und Material mit Hilfe wissenschaftlich-technischer Lösungen, d. h. mit dem Einsatz von Grundfonds hervorgerufen werden. Kurz-, mittel- und langfristige Zeitdimensionen müssen bei der Auswahl und der Nutzung bestimmter wissenschaftlich-technischer Lösungen zur Senkung des Energie-, Rohstoff- und Materialverbrauchs berücksichtigt werden, wobei die kurzfristigen Wirkungen von Ressourceneinsparungen auf den Effektivitätszuwachs eine ebenso wichtige Rolle spielen wie mittel- und langfristige Lösungswege. Bei den kurzfristigen Lösungswegen spielen insbesondere jene eine Rolle, die mit geringem Forschungs-, Entwicklungs- und Investitionsaufwand kurzfristig Effektivitätszuwachs sichern, was vor allen Dingen auch mit dem Abbau von Verschwendungspotentialen zusammenhängt.

Eine derartige, diese verschiedenen Zeitdimensionen bei der Auswahl wissenschaftlich-technischer Lösungen berücksichtigende Wirtschaftspolitik ist außerordentlich wichtig, um Investitionsstaus zu vermeiden und die Investitionserfordernisse auf einen längeren Zeitraum zu verteilen. Anderenfalls führte eine derartige Entwicklung zwangsläufig zu einem Investitionsbedarf, der einen erheblichen Druck auf Veränderung der Proportion zwischen Akkumulation und Konsumtion zugunsten der Akkumulation ausübt. Der Rahmen für derartige mögliche Veränderungen ist fest abgesteckt durch die Zielstellungen, die sich aus der Einheit von Wirtschafts- und Sozialpolitik ergeben. In der gründlichen Analyse dieser unterschiedlichen Zeitdimension in der Wirkung von Ressourceneinsparung auf den Effektivitätszuwachs besteht ebenfalls eine wichtige Aufgabe der ökonomischen Forschung, wenn die Ressourceneinsparung mit hohen Raten der Steigerung der Arbeitsproduktivität und einer weiteren Verbesserung der Grundfondsquote begleitet werden soll.

3. Voreilige Schlußfolgerungen – z. B. die Formulierung einer Gesetzmäßigkeit der ununterbrochenen Senkung der Grundfondsintensität – sind m. E. fehl am Platze. Hier liegt ein weiteres Feld reproduktionstheoretischer Forschung, den Einfluß von Basis- und Verbesserungsneuerungen, ihre Ausbreitungsgeschwindigkeit wie ihren Kreislauf überhaupt auf die Bewegung der Grundfondsintensität im mikro- und makroökonomischen Rahmen genauer zu untersuchen, um noch sicherere Kenntnisse über diesen Zusammenhang zu erhalten.

H. Nick

Zu einigen Fragen der qualitativen Erneuerung der materiell-technischen Basis

Die Notwendigkeit, unsere Wachstumsziele bei wesentlich niedrigerem Zuwachs der Investitionen – sowohl im Vergleich zum Wachstum der Produktion und des Nationaleinkommens wie im Vergleich zum Investitionsfonds des vergangenen Planjahrfünfts – zu erreichen und damit die Politik der Hauptaufgabe konsequent fortzuführen, erfordert eine deutliche Erhöhung der Investitionseffektivität, wie auch – und eine solche Aufgabe haben wir uns in einem Fünfjahresplan erstmals gestellt – eine Erhöhung der Grundfondsquote. Das wiederum verlangt eine spürbare Steigerung der Effektivität aller Prozesse der qualitativen Erneuerung unserer materiell-technischen Basis. Die Fragen danach, wie das zu erreichen ist, sind von höchster Dringlichkeit und ihre Beantwortung verlangt – wie dies im Referat von Professor Koziolek mit großem Nachdruck betont worden ist – auch große Anstrengungen auf dem Gebiet der wirtschaftswissenschaftlichen Forschung.

Zunächst muß gesagt werden, daß das vielfach anzutreffende Argument, die verfügbaren materiellen Ressourcen würden ein hohes Tempo der qualitativen Erneuerung unserer materiell-technischen Basis nicht erlauben, offenbar nicht zutrifft. Es ist genauso unrichtig, wie die Behauptung, es gäbe bei uns zu wenig Arbeitskräfte. Es gibt eine außerordentlich ergiebige Quelle der Vergrößerung der finanziellen und materiellen Ressourcen für die Erneuerung der vorhandenen materiell-technischen Basis, dies ist – wie in den Beschlüssen des X. Parteitages hervorgehoben wird – die energische Reduzierung der extensiven Investitionen.

Hier ist in vieler Hinsicht ein gründliches Neudurchdenken wichtiger Fragen der Reproduktion erforderlich. Ich möchte nachdrücklich all das unterstreichen, was Genosse Professor Koziolek in diesem Zusammenhang zur veränderten Rolle der einfachen Reproduktion gesagt hat, die – vor allem durch die Umsetzung wissenschaftlich-technischen Fortschritts – zu einer hochergiebigen Quelle der erweiterten Reproduktion zu machen ist. Ohne einfache und erweiterte Reproduktion schematisch trennen zu wollen – vor allem in konkreten Investitionsprozessen wären solche Versuche sehr schädlich –, scheint mir doch der Grundsatz sehr wichtig zu sein, daß der einfachen Reproduktion das Primat zukommt; in dem Sinne, daß erst, wie die Parteibeschlüsse dies verlangen, die Möglichkeiten der qualitativen Erneuerung des vorhandenen Potentials systematisch genutzt werden, bevor über Erweiterungen nachgedacht wird, daß zumindest die Amortisationen ganz selbstverständlich für die qualitative Erneuerung eingesetzt werden. Grundlegende, volkswirtschaftlich bedeutsame strukturelle Veränderungen in der Wirtschaft, die früher vornehmlich über eine entsprechende Steuerung der extensiven Prozesse bewirkt wurden, müssen künftig über eine zielgerichtetere und differenziertere Erneuerungsstrategie verwirklicht werden.

Von außerordentlicher Wichtigkeit ist, daß die revolutionierenden technischen Entwicklungen, die im Zentrum unserer ökonomischen Strategie stehen, wie die Mikroelektronik, die Robotertechnik, Datenverarbeitung und elektronischen Steuerungen, ihrem

Wesen nach eine Technik der Rationalisierung sind. Es gibt in der Geschichte der Technik kaum ein vergleichbares Beispiel für eine solche Breite und Vielfalt der Anwendungsmöglichkeiten, eine solche Ausstrahlung auf das allgemeine technisch-ökonomische Niveau der Produktion, der technischen Basis der nichtproduzierenden Bereiche wie dies beispielsweise für die Mikroelektronik gilt. Hinzu kommt, daß die informationsverarbeitende Technik in großen Bereichen erstmals eine Technisierung der Arbeit ermöglicht. Aus all dem folgt, daß die ökonomischen Effekte der wissenschaftlich-technischen Revolution nur auf dem Wege einer umfassenden sozialistischen Rationalisierung erschlossen werden können.

Die praktischen Erfahrungen beweisen, daß die Erschließung der Anwendungsgebiete für diese neuen Techniken und Technologien mit außerordentlich anspruchsvollen Aufgaben, oft beginnend mit der Forschung und Entwicklung bis zu Investitionsmaßnahmen, verbunden sind. Häufig wird vorschnell und in abwertender Weise davon gesprochen, daß der Einsatz der Mikroelektronik sehr oft vergleichbar sei mit den ersten Automobilen, die zunächst nichts weiter gewesen seien als „Kutschen mit Otto-Motor", d. h., es handele sich hier um das „Aufpfropfen" neuartiger Technik auf eine nichtadäquate technische Basis, was zwangsläufig eine Ausschöpfung der ökonomischen Potenzen dieser Technik verhindere.

Es wird hier übersehen, daß es der objektiven Logik der Entwicklung der materiell-technischen Basis überhaupt entspricht, revolutionäre technische Umwälzungen zunächst mit dem vorhandenen technischen Potential zu verbinden, es weitgehend mit diesem Potential auch zu produzieren. Die Entwicklung der materiell-technischen Basis weist eine viel größere Kontinuität auf als die von der Wissenschaft hervorgebrachten Erzeugnisse und Verfahren; man kann nicht in gleichem Ausmaß und Tempo die materiell-technische Basis auswechseln wie Erzeugnis- und Verfahrensgenerationen einander ablösen. Und schließlich: Die „Kutsche mit Otto-Motor" war eben nicht teils Kutsche, teils Automobil, sondern wirklich ein Automobil, ein sich selbst bewegendes Gefährt.

Dies hervorzuheben, scheint mir wichtig, weil auch diese revolutionären technischen Umwälzungen auf eine möglichst investitionssparende Art und Weise verwirklicht werden müssen. Es ist auch deshalb von größter Wichtigkeit, den Einsatz von Mikroelektronik und Robotertechnik nicht nur von diesen Techniken her zu konzipieren, sondern vor allem aus der Sicht der Erhöhung der Effektivität der vorhandenen materiell-technischen Basis, des fungierenden Reproduktionsprozesses. Es sei hier an eine mittlerweile jahrzehntealte Erfahrung mit dem Einsatz der elektronischen Datenverarbeitung erinnert: Als gegen Ende der fünfziger Jahre bekannt wurde, daß EDV-Anlagen in der Lage sind, in einer Sekunde Hunderttausende Rechenoperationen auszuführen, wurde hier und da geglaubt, daß die Anschaffung und der Einsatz dieser Technik sehr schnell außerordentlich große ökonomische Effekte ermögliche und daß der kürzeste Weg der Bewältigung des Qualifizierungsproblems die Einstellung von EDV-Spezialisten sei. Inzwischen wissen wir, daß man mit Hilfe eines rationellen Einsatzes der elektronischen Datenverarbeitung ökonomische Effekte erreichen kann, die auf anderem Wege gar nicht erreichbar sind, daß man aber – bei unzureichender Einsatzvorbereitung – auch ökonomische Verluste erleiden kann, die bei herkömmlicher Technik in diesen Größenordnungen auch nicht möglich wären. Entscheidend ist, *womit* wir diese Technik „beschäftigen". Wird sie für massenhafte Additions- und Subtraktionsaufgaben eingesetzt, können wir die hohen Rechengeschwindigkeiten der Zentraleinheit schon deswegen nicht nutzen, weil die Arbeitsgeschwindigkeit der Ein- und Aufgabegeräte viel geringer ist. Ein Einsatz der elektronischen Datenverarbeitung, die ihre besonderen Möglichkeiten für die Erhöhung der Effektivität des Reproduktionsprozesses auch wirklich nutzbar macht, erfordert vor allem die gründliche Analyse dieses Reproduktionsprozesses, die Modellierung wesentlicher zu optimierender Prozesse, die Ausarbeitung der entsprechenden Programmunterlagen. Die gründliche Kenntnis des jeweiligen Reproduktionsprozesses ist hierfür die wichtigste Voraussetzung. Deshalb erwies sich auch, daß die Qualifizierung von Spezialisten des eigenen Betriebes nur scheinbar der längere, in Wirklichkeit aber der kürzere Weg ist, die Probleme des effektiven EDV-Einsatzes zu bewältigen. Hieraus erklärt sich auch, daß der Anteil des Aufwandes für die Erarbeitung bzw. Beschaffung der notwendigen Programmunterlagen, die zunehmend die Effektivität des EDV-Einsatzes bestimmen, an den Gesamtaufwendungen steigt. Ähnliche Erfahrungen gibt es beim Einsatz der Mikroelektronik und der Industrieroboter; auch hier liegt der Schwerpunkt der Einsatzvorbereitung eindeutig beim Anwender.

Aus all dem ergibt sich, daß über den Erfolg des Einsatzes der Mikroelektronik und der Industrieroboter seine sorgfältige Abstimmung mit der Erneuerungskonzeption der materiell-technischen Basis (Intensivierungs- bzw. Rationalisierungskonzeption) entscheidet. In *diesem* Sinne ist in der Tat jedes „Aufpfropfen" zu vermeiden. Die qualitative Erneuerung der materiell-technischen Basis bringt die höchsten Ergebnisse, wenn sie komplex erfolgt, aus der Sicht der Erhöhung der Effektivität des gesamten Reproduktionsprozesses. Dies ist keineswegs identisch mit investitionsaufwendigen, vollständigen Erneuerungen des Anlagevermögens. Im Gegenteil: Sie muß mit dem Ziel erfolgen, das vorhandene materiell-gegenständliche Potential weitgehend zu nutzen, die Investitionen so einzusetzen, daß die im vorhandenen Anlagevermögen enthaltenen Effektivitätspotenzen in möglichst hohem Maße erschlossen werden. Am effektivsten sind m. E. die Erneuerungsprozesse der materiell-technischen Basis, die zwischen dem Neubau und punktuellen technischen Veränderungen liegen.

Es hat sich offenbar als ein sehr fruchtbarer Ausgangspunkt für die Erhöhung der ökonomischen Wirksamkeit des wissenschaftlich-technischen Fortschritts erwiesen, ihn in sehr starkem Maße auch aus der Sicht der Erfordernisse und Bedingungen der Erneuerung der vorhandenen materiell-technischen Basis des fungierenden Reproduktionsprozesses zu betrachten. Auf diese Weise rücken die Fragen nach der Ausbreitungsgeschwindigkeit technischer Neuerungen, ihrer hochwirksamen Verbindung mit der vorhandenen materiell-technischen Basis, der Aufnahmefähigkeit des vorhandenen Wirtschaftsorganismus für technische Neuerungen, seine Fähigkeit des Umsetzens technischer Neuerungen in ökonomische Resultate in den Vordergrund. Die Beschleunigung des wissenschaftlich-technischen Fortschritts erfordert eine gründliche Analyse all der Faktoren und Bedingungen, die die Aufnahmefähigkeit der materiell-technischen Basis für qualitative Veränderungen bestimmen bzw. beeinflussen.

Eines der wichtigsten Probleme, die auch gründlicher theoretischer Erarbeitung bedürfen, ist das des moralischen Verschleißes. In der Literatur gibt es über den Zusammenhang von technischem Fortschritt und moralischem Verschleiß bisher vor allem eine grundlegende Aussage: Der technische Fortschritt führt zu einer beständigen Verkürzung der Perioden im Ablösen alter Erzeugnis- und Verfahrensgenerationen durch neue, effektivere, zur Verkürzung ihrer ökonomischen Nutzungsdauer. Die Folge hiervon sei eine beständig zunehmende zeitliche Diskrepanz zwischen physischer und ökonomisch begründeter Nutzungsdauer; die Einführung der Ergebnisse des wissenschaftlich-technischen Fortschritts in die vorhandene materiell-technische Basis erfolgt im wesentlichen über den Ersatz veralteter Anlagen durch Anlagen der höheren Generation; andere Reproduktionsformen – Instandhaltung, auch Generalreparatur – würden im wesentlichen die ursprünglichen Gebrauchseigenschaften der Anlagen nur wiederherstellen. Die Frage ist, wie eine solche zunehmende Diskrepanz zwischen physischem und moralischem Verschleiß ökonomisch zu bewältigen ist. Handelt es sich hier überhaupt um eine schicksalhafte, d. h. nicht aufzuhaltende Tendenz? Wäre dies so, müßte der qualitative Unterschied zwischen den Produktionsmitteln, die wir produzieren, und jenen, mit denen wir produzieren, beständig zunehmen.

Meines Erachtens muß hier manches neu bedacht werden. Das wichtigste ist: *Wir müssen den wissenschaftlich-technischen Fortschritt gegen den moralischen Verschleiß mobilisieren.* Das bedeutet, daß zielstrebige Anstrengungen erforderlich sind, die *Modernisierungsfähigkeit* der Arbeitsmittel zu erhöhen. Es müssen zunehmend ökonomisch effektive, die neuesten wissenschaftlich-technischen Ergebnisse einbeziehende Lösungen entwickelt werden, die eine positive Alternative zum Ersatz sind, so daß der moralische Verschleiß vermindert wird, die Modernisierung der Anlagen zu einer immer bedeutsameren – wenn möglich, zur bedeutsamsten – Reproduktionsform wird.

Die größte Verantwortung hierfür tragen die Produzenten der Arbeitsmittel. Schon bei der Konstruktion der Arbeitsmittel muß nicht nur auf hohe Wartungsarmut geachtet werden, sondern auf die Modernisierungsfähigkeit der Anlagen während ihrer Nutzungsdauer. In diesem Zusammenhang spielt die Standardisierung, die Vereinheitlichung vor allem der Bauteile und Baugruppen, eine hervorragende Rolle, aber auch die Durchsetzung effektiver arbeitsteiliger Beziehungen, ein aktives Zusammenwirken von Produzenten und Anwendern der neuen Technik. Ohne Zweifel handelt es sich hier um außerordentlich wichtige Aspekte bei der Nutzung der Vorzüge der sozialistischen Planwirtschaft im Interesse einer zielstrebigen Intensivierung, der Erhöhung der Effektivität der Produktion unter den Bedingungen und Maßstäben, wie sie für unsere ökonomische Entwicklung in den achtziger Jahren gesetzt sind.

H. Steeger

Zu einigen volkswirtschaftlichen Erfordernissen der weiteren Vervollkommnung der Planung der Grundfondsreproduktion

Die Wirtschaftsstrategie des X. Parteitages für die 80er Jahre stellt an die Entwicklung und volkswirtschaftliche Beurteilung der Grundfondsökonomie in allen Bereichen, Zweigen, Kombinaten und Betrieben neue, höhere Anforderungen.

Diese ergeben sich aus dem volkswirtschaftlichen Wachstums- und Effektivitätskonzept der 80er Jahre und basieren auf der vollständigen Überleitung der Wirtschaft zum intensiv erweiterten Typ der Reproduktion. Für den Zeitraum 1981 bis 1985 sind diese Maßstäbe vor allem in der Entwicklung folgender volkswirtschaftlicher Kennziffern fixiert:[1]

– *Erhöhung der Produktion von Nationaleinkommen je 1000 Mark Grundfonds von 350 Mark im Jahre 1980 auf 368 Mark im Jahre 1985.*

Die Steigerung des volkswirtschaftlich zusammenfassenden Maßstabes für die Grundfondseffektivität – der sich in der Entwicklung dieser Kennziffer widerspiegelt – um 5,1% bis 1985 ist im Zusammenhang mit der Entwicklung weiterer Komponenten des volkswirtschaftlichen Produktionsverbrauchs grundlegende Voraussetzung für die Realisierung eines jahresdurchschnittlichen Wachstums des produzierten Nationaleinkommens um 5,1–5,4%.

– *Zuwachs an Warenproduktion je 1000 Mark Investitionen von 630 Mark im Zeitraum 1976–1980 auf 755 Mark in den Jahren 1981–1985.*

Die Entwicklung dieser Relation um rund 19% ergibt sich als volkswirtschaftliche Konsequenz aus der erforderlichen Steigerung der Warenproduktion der Volkswirtschaft im Zeitraum 1981–1985 um 28–30% und der Effektivitätsanforderung an die in diesem Zeitraum volkswirtschaftlich bilanzierte Entwicklung der produktiven Akkumulation. Entscheidende Bedeutung für die Realisierung dieser Zielstellung gewinnt dabei die Erhöhung der Bedarfsgerechtheit der Produktion, ihrer Qualität und die entschiedene Senkung der Kosten.

– *Verbesserung der Ausnutzung wichtiger Produktionsausrüstungen von 15 Std. täglich 1980 auf 16–17 Std. täglich 1985.*

Die Erreichung dieser Zielstellung ist an verschiedene Faktoren gebunden, die direkt bzw. indirekt mit der Grundfondsreproduktion verbunden sind wie z. B. die entschiedene Verringerung der Ausfallzeiten. Darauf verweisen die bisher 1981 erreichten Ergebnisse.

– *Im Zeitraum 1981–1985 muß sich die Arbeitsproduktivität schneller entwickeln als die Ausstattung der Beschäftigten mit Grundfonds zunimmt.*

In den vergangenen Jahren hat sich der Ausstattungsgrad der Beschäftigten mit Grundfonds schneller entwickelt als die Arbeitsproduktivität zunahm. Das war zum Teil auf

1 Die Zahlenangaben erfolgen auf der Grundlage der „Direktive des X. Parteitages der SED zum Fünfjahrplan für die Entwicklung der Volkswirtschaft der DDR in den Jahren 1981 bis 1985", Berlin 1981.

extensive Züge der Reproduktion zurückzuführen sowie auch auf die noch nicht ausreichende Effektivitätswirksamkeit volkswirtschaftlicher Strukturveränderungen. Der Ausstattungsgrad stieg im Zeitraum 1975 bis 1980 in der Industrie um über 28% und beträgt gegenwärtig rund 95000 Mark je Beschäftigten. Die Arbeitsproduktivität der Industrie stieg im gleichen Zeitraum um 27%.
Die konsequente und durchgängige Intensivierung des Reproduktionsprozesses und die Umkehrung der bisherigen Tendenzen in der Relation Entwicklung der Arbeitsproduktivität und des Ausstattungsgrades erfordert in den Jahren bis 1985, durch die Investitionspolitik mehr Arbeitsplätze einzusparen als neue geschaffen werden, d. h., die produktive Akkumulation muß vorwiegend für Aufgaben der Rationalisierung, Rekonstruktion und Modernisierung des vorhandenen Produktionsapparates eingesetzt werden. Im gleichen Zeitraum sind durch die effektivere Nutzung des wissenschaftlich-technischen Fortschritts über 2,8 Milliarden Arbeitsstunden einzusparen. Das sind rund 70% mehr einzusparende Arbeitsstunden, als in den Jahren 1976–1980 erreicht wurde. Das bedeutet, die grundlegende Veränderung des Verhältnisses zwischen Aufwand und Ergebnis in der Grundfondsreproduktion ist verbunden und nur zu erreichen mit einer bedeutenden Erhöhung des Wirkungsgrades der lebendigen Arbeit durch die umfassende Nutzung des wissenschaftlich-technischen Fortschritts.
– *Es ist eine Entwicklung der Grundfondsquote in der Industrie bis 1985 auf 104 bis 106% vorgesehen.*
Wie bei der Relation zwischen der Entwicklung der Arbeitsproduktivität und der Grundfondsausstattung muß auch bei der Entwicklung der Grundfondsquote gegenüber dem vergangenen Zeitraum im Durchschnitt der Industrie eine Umkehrung der Entwicklungstendenz durch eine effektivere Grundfondswirtschaft erreicht werden. Das Erreichen dieser volkswirtschaftlichen Zielstellung setzt in entscheidendem Maße die Erhöhung der Investitionseffektivität in der Industrie voraus.
– *Verkürzung der Bauzeiten im Investitionsbau um 30–50%, wodurch zugleich der spezifische Bauaufwand um 15% gesenkt werden muß.*
Das erfordert wesentliche Veränderungen in der materiellen Struktur der Bauproduktion durch ihre stärkere Orientierung auf Baumaßnahmen zur Rationalisierung, Rekonstruktion und Modernisierung sowie die umfassende Durchsetzung des wissenschaftlich-technischen Fortschritts.

Die Entwicklung dieser volkswirtschaftlichen Aufwands- und Ergebnisrelationen in der Nutzung der produktiven Fonds charakterisiert generell den hohen Anspruch an die Ökonomisierung der Grundfondsreproduktion, der aus einer umfassenden Intensivierung des gesellschaftlichen Reproduktionsprozesses resultiert und den Veränderungen in den Reproduktionsbedingungen der Volkswirtschaft Rechnung trägt.

Auf Hauptgebieten der Grundfondsökonomie muß gegenüber den vergangenen Jahren tatsächlich eine Tendenzwende erreicht werden, vor allem bei der Entwicklung der Grundfondsquote, in der Dynamik zwischen der Steigerung der Arbeitsproduktivität und der Ausstattung der Berufstätigen mit Grundfonds sowie bei der Einsparung von Arbeitsplätzen im Zusammenhang mit Investitionsmaßnahmen. Es bedarf keines ausführlichen Beweises, daß grundlegende Veränderungen volkswirtschaftlicher Entwicklungstrends in relativ kurzen Zeiträumen außerordentlich hohe Anforderungen an die Erhöhung des Leistungspotentials der Volkswirtschaft, aber auch an die Leitung und Planung des Reproduktionsprozesses stellen. So müssen z. B. die genannten Ziele bei der Erhöhung der Grundfondseffektivität unter der Bedingung erreicht werden, daß über 60% der Industrieinvestitionen für den Ausbau der Energie- und Rohstoffbasis sowie für Aufgaben zur Veränderung der Struktur der Primärenergiebasis eingesetzt werden müssen. Der Hauptweg kann nur darin bestehen, mit aller Konsequenz die Breitenwirkung und ökonomische Wirksamkeit des wissenschaftlich-technischen Fortschritts in volkswirtschaftlich spürbaren Größenordnungen zu erhöhen.

Die erforderlichen Effektivitätsfortschritte in der Grundfondsreproduktion müssen unter volkswirtschaftlichen Bedingungen erreicht werden, die sich wesentlich von denen der 70er Jahre unterscheiden. Das betrifft insbesondere solche Fragen der planmäßig proportionalen Entwicklung wie das Verhältnis zwischen produziertem und im Inland verwendbarem Nationaleinkommen unter den Bedingungen der Realisierung eines beträchtlichen Exportüberschusses, die Veränderungen in der Verteilungsstruktur und den Verteilungsproportionen des verwendeten Nationaleinkommens mit ihren Wirkungen auf die Rate und Masse der produktiven Akkumulation. In Rechnung sind zu stellen die bereits schon hohen und weiter wachsenden gesellschaftlichen Vorleistungen zur langfristigen Sicherung der Energie- und Rohstoffbasis der Volkswirtschaft und auch die gesellschaftlichen Aufwendungen, die erbracht werden müssen, um wissenschaftlich-technische Neuerungsprozesse mit hoher volkswirtschaftlicher Effektivität realisieren zu können. Das betrifft z. B. solche bedeutenden Neuerungsprozesse wie die Breitenanwendung der Mikroelektronik, der Roboter-, Automatisierungs- und Informationstechnik, die technologische Nutzung der Mikrobiologie und überhaupt die Aufgaben zur höheren Veredlung der Roh- und Werkstoffe. Die ökonomischen Forderungen an die Effektivität der Grundfondsreproduktion gehen also von den Erfordernissen der materiell-technischen Bedingungen des ökonomischen Wachstums aus. Es geht deshalb in erster Linie darum, die Grundfondsreproduktion in den 80er Jahren entsprechend den Beschlüssen des X. Parteitages so zu entwickeln, daß „die Möglichkeiten der wissenschaftlich-technischen Revolution unmittelbar zur Hauptreserve für Leistungswachstum und Effktivität unserer Volkswirtschaft“[2] werden.

In bezug auf die Grundfondsreproduktion geht die ökonomische Strategie unserer Partei von folgenden ökonomischen Tatbeständen aus:

Im Ergebnis der bisherigen erfolgreichen Entwicklung unseres Landes verfügten wir 1980 über einen Bestand an Grundfonds in der Volkswirtschaft, der 717 Mrd. Mark übersteigt. Davon verfügt die Industrie über 305 Mrd. Mark, darunter wiederum beträgt das Volumen an Maschinen, Ausrüstungen und Anlagen etwa 175 Mrd. Mark. In der Land- und Nahrungsgüterwirtschaft ist jeder Berufstätige für Grundfonds im Umfang von 68,8 TM verantwortlich. Die Angaben für das Bauwesen und für das Transport- und Nachrichtenwesen betragen analog 260 TM bzw. 121,3 TM.

Im Durchschnitt der Industrie hat der Alterungsgrad der vorhandenen Grundfonds ein Niveau, das dem der Grundfonds in den entwickelten kapitalistischen Industrieländern in etwa nahekommt. Ende 1980 waren von den in der Industrie vorhandenen Maschinen, Ausrüstungen und Anlagen 35% nicht älter als 5 Jahre, 45% wurden vor 5 bis 15 Jahren errichtet und 20% sind älter als 15 Jahre. Mithin verfügen wir in unserer materiell-technischen Basis über ein bedeutendes produktives Anlagevermögen, dessen effektivere Nutzung unter den veränderten Reproduktionsbedingungen ökonomisch um so dringlicher wird.

In zunehmendem Maße wird demzufolge für die Gewährleistung der planmäßigen proportionalen Entwicklung der Volkswirtschaft die erweiterte sozialistische Reproduktion des vorhandenen und sich planmäßig vermehrenden nationalen Reichtums vorrangig wichtig. Das betrifft sowohl die materiell-stofflichen Ressourcen wie auch – und

2 Bericht des Zentralkomitees der Sozialistischen Einheitspartei Deutschlands an den X. Parteitag der SED, Berichterstatter: Genosse Erich Honecker, Berlin 1981, S. 49.

sicherlich in wesentlich stärkerem Maße – die wissenschaftlich-technischen und geistig-kulturellen Potentiale. Deshalb wird es in den 80er Jahren vor allem darauf ankommen, das technisch-ökonomische Niveau des Nationalreichtums zu erhöhen und auf diesem Wege Wachstumsreserven zu erschließen. Unter diesem Gesichtspunkt wird auch die volkswirtschaftliche Leistungsbewertung sich künftig nicht nur an Zuwachsraten orientieren können, sondern muß Kennziffern einbeziehen, die das technisch-ökonomische Niveau und die Effektivitätsfortschritte in der Nutzung der vorhandenen Potentiale aussagefähig charakterisieren. Deshalb muß unter den Bedingungen der vollständigen Überleitung der Wirtschaft auf den intensiven Typ der Reproduktion, der wissenschaftlich-technischen Revolution und der in bezug auf die wachsenden Bedürfnisse der Gesellschaft zu konstatierenden Ressourcenbegrenzung das Verhältnis von Rate, Masse und Effektivität der produktiven Akkumulation neu durchdacht werden. Entscheidend dabei ist die Erhöhung der Effektivität der produktiven Akkumulation. Die produktive Akkumulation muß in ihrer Struktur so gestaltet sein, daß sie vor allem als Bewegungsform der vorhandenen Grundfonds fungieren kann.

Nur auf diese Weise sind die perspektivischen Probleme des volkswirtschaftlichen Wachstums zu lösen, die sich aus der reproduktionsbedingten Begrenzung der Rate und Masse der produktiven Akkumulation ergeben.

Ausgehend von diesen grundlegenden Veränderungen in den Reproduktionsbedingungen und den praktischen Erfordernissen bei der Verwirklichung der ökonomischen Strategie ergeben sich neue Fragen zur Grundfondsreproduktion:

1. Die Erfahrungen bei der Realisierung des Planes 1981 und aus der Vorbereitung des Planes 1982 sowie des Fünfjahrplanes 1981–1985 beweisen, daß eine der dringlichsten Aufgaben auf dem Gebiet der Grundfondsreproduktion darin besteht, in der Investitionstätigkeit die Komplexität volkswirtschaftlicher Neuerungsprozesse im Prozeß der Leitung und Planung besser zu beherrschen. Das Kernproblem dabei besteht vor allem darin, daß durch die Beschleunigung des wissenschaftlich-technischen Erkenntnisprozesses und die Schaffung der materiell-technischen Voraussetzungen seiner stofflichen Realisierung der Kreislauf der volkswirtschaftlichen Reproduktion entschieden beschleunigt werden muß.

2. Der Ökonomisierung der Grundfondsreproduktion muß bedeutend größere Aufmerksamkeit als bisher geschenkt werden. Im Grunde genommen geht es darum, durch die Nutzung der einfachen Reproduktion als Quelle der erweiterten Reproduktion Wachstumspotenzen zu erschließen. Auf die Existenz dieses Reproduktionseffektes hat bereits Karl Marx hingewiesen, indem er feststellte, daß „die Entwicklung der Produktivkraft der Arbeit . . . auch auf das Originalkapital oder das bereits im Produktionsprozeß befindliche Kapital" reagiert. „Hat die Produktivkraft der Arbeit sich in der Geburtsstätte dieser Arbeitsmittel erweitert, und sie entwickelt sich fortwährend mit dem ununterbrochenen Fluß der Wissenschaft und der Technik, so tritt wirkungsvollere und, ihren Leistungsumfang betrachtet, wohlfeilere Maschine, Werkzeug, Apparat usw. an die Stelle der alten. Das alte Kapital wird in einer produktiveren Form reproduziert, abgesehen von der fortwährenden Detailveränderung an den vorhandnen Arbeitsmitteln".[3]

Die Nutzung dieses Reproduktionseffektes in der planmäßigen Grundfondsreproduktion ist unabdingbares Erfordernis der intensiv erweiterten Reproduktion. Die praktische Konsequenz dieser theoretischen Erkenntnisse über den objektiven Zusammenhang zwischen einfacher und erweiterter Reproduktion unter den Bedingungen der wissen-

3 K. Marx, Das Kapital, Erster Band, in: MEW, Bd. 23, Berlin 1962, S. 631–632.

schaftlich-technischen Revolution tritt klar zutage. Eine volkswirtschaftlich entscheidende praktische Schlußfolgerung besteht darin, der Modernisierung der vorhandenen Grundmittel, insbesondere der Maschinen und Anlagen, durch den Einsatz von Automatisierungstechnik, Mikroelektronik, Prozeßrechentechnik und die schnelle Nutzung aller Ergebnisse des wissenschaftlich-technischen Fortschritts bedeutend größere Aufmerksamkeit bei der komplexen Planung der Grundfondsökonomie zu schenken.

Auf diesem Wege muß und kann die Leistungsfähigkeit der Grundmittel bedeutend erhöht, ihre Ausnutzung und Lebensdauer entsprechend den wachsenden volkswirtschaftlichen Maßstäben und Erfordernissen der intensiv erweiterten Reproduktion erhöht werden. Nicht unerwähnt bleiben sollen auch die positiven Wirkungen, die sich daraus für die weitere Verbesserung der Arbeitsbedingungen der Werktätigen und auch für die Erhöhung des Anspruchsniveaus der Arbeitsplätze ergeben.

Die bedeutenden Effektivitätsreserven, die auf diesem Wege der Grundfondsreproduktion zu erschließen sind, sollten auch Veranlassung sein, die Modernisierung und die laufende Instandhaltung der Grundmittel als einheitlichen Prozeß zu leiten und zu planen. Das umfaßt die Generalreparaturen, Erneuerungsinvestitionen, die in vorhandenen Betrieben zur Modernisierung und technische Neurüstung realisiert werden und die laufende Instandhaltung. Die Planung dieser Prozesse komplex durchzuführen bedeutet, sie eng mit der Planung der Eigenherstellung von Rationalisierungsmitteln zu verbinden. Es sollte erwogen werden, in den Betrieben einen einheitlichen Fonds für die Instandhaltung zu bilden, der nach Instandhaltung und Generalreparaturen zu gliedern wäre. Zur Erhöhung der Wirksamkeit der wirtschaftlichen Rechnungsführung sollte der Fonds für die Instandhaltung unter Einhaltung des geplanten Kostensatzes aus Kosten finanziert werden. Eine derartige Verfahrensweise würde sich positiv auf die Einhaltung bzw. Senkung der Reparaturkosten und den effektivsten Einsatz der dafür vorgesehenen, finanziellen Mittel auswirken.

3. Es ist der Zeitpunkt herangereift, weitere Schritte bei der Einbeziehung der Generalreparaturen in die Leitung und Planung der Grundfondsökonomie zu tun, um deren volkswirtschaftliche Effektivität zu erhöhen. Die Generalreparaturen sind solche Instandhaltungen, die in Verbindung mit der komplexen Wiederherstellung der technischen Nutzungsfähigkeit zur Erhöhung der Leistungsfähigkeit durch den Einsatz von Bauteilen und Aggregaten, die dem neuesten wissenschaftlich-technischen Stand entsprechen, und zur Verlängerung der Einsatzfähigkeit der Grundmittel gegenüber der normativen Nutzungsdauer führen.

Ich möchte insbesondere unterstreichen, daß die Effektivität der Generalreparaturen in erster Linie daran zu messen ist, wie sie zur Wiederherstellung bzw. Erhöhung des Wertes und damit der Leistungsfähigkeit und Lebensdauer der Grundmittel beitragen. Das ist also mehr als nur der Ersatz des moralischen bzw. physischen Verschleißes der Grundmittel. Entsprechend dieser gewachsenen Bedeutung der Generalreparaturen im Rahmen der komplexen Grundfondsreproduktion sollte auch ihre Planung weiter vervollkommnet werden. So sollte dazu übergegangen werden, die Generalreparaturvorhaben konkret zu planen und in die Entscheidungsverantwortung der Generaldirektoren der Kombinate und Leiter anderer Organe einzubeziehen. Zur Sicherung der planmäßigen proportionalen Entwicklung der Volkswirtschaft erscheint es zweckmäßig, ausgehend von den positiven Erfahrungen bei der zentralen staatlichen Leitung und Planung zentralgeplanter Investitionsvorhaben auch ausgewählte Generalreparaturen, die von besonderer volkswirtschaftlicher Bedeutung sind, durch die Staatliche Plankommission zu bestätigen.

4. Der X. Parteitag der SED stellt die Aufgabe, „eine grundlegende Qualifizierung

der Arbeit mit Normen und Normativen auf allen Ebenen der Leitung und Planung"[4] durchzusetzen, um einen rationellen und sparsamen Einsatz aller volkswirtschaftlichen Ressourcen zu gewährleisten.

Der Übergang zur intensiv erweiterten Reproduktion und der ökonomische Zwang zur Erhöhung der Grundfondseffektivität erfordert es, sich stärker mit solchen grundlegenden Kennziffern der Grundfondsreproduktion wie der normativen Nutzungsdauer der Grundmittel und, in Abhängigkeit davon, der Abschreibungssätze zu befassen. Der theoretische Ausgangspunkt besteht in der von Karl Marx vorgenommenen Unterscheidung zwischen der Rolle der Arbeitsmittel bei der Bildung des Gebrauchswertes und des Wertes eines Erzeugnisses und den praktischen Konsequenzen, die sich daraus für die Planung der Grundfondsreproduktion unter den Bedingungen der umfassenden Mechanisierung der produktiven Anlagefonds ableiten. Marx schreibt, „daß ein Faktor des Arbeitsprozesses, ein Produktionsmittel, ganz in den Arbeitsprozeß, aber nur zum Teil in den Verwertungsprozeß eingeht. Der Unterschied von Arbeitsprozeß und Verwertungsprozeß reflektiert sich hier an ihren gegenständlichen Faktoren, indem dasselbe Produktionsmittel als Element des Arbeitsprozesses ganz und als Element der Wertbildung nur stückweis in demselben Produktionsprozeß zählt."[5] Daraus folgt, daß die ökonomische Bedeutung der im Reproduktionsprozeß agierenden Grundfonds im Prozeß der intensiv erweiterten Reproduktion um ein Vielfaches höher ist und weiter zunimmt als das Volumen, mit dem die Grundfonds als „Element der Wertbildung" wirksam werden und das im Amortisationsaufkommen seinen Ausdruck findet. Hier besteht ein unmittelbarer Zusammenhang zum Wirkungsgrad der lebendigen Arbeit im Reproduktionsprozeß, der sich durch die Nutzung des wissenschaftlich-technischen Fortschritts, wie z. B. durch die höhere Veredlung der Roh- und Werkstoffe bedeutend erhöht und auch die Dynamik in den Proportionen der Grundfondsökonomie wesentlich beeinflußt.

1980 betrug z. B. der Umfang der Grundfonds in der sozialistischen Industrie das 24fache im Verhältnis zum Amortisationsvolumen. Unter diesen Gesichtspunkten kommt der Arbeit mit der Kennziffer normative Nutzungsdauer der Grundmittel und dem rationellen Einsatz der Amortisationen im Rahmen der komplexen Grundfondsökonomie erstrangige Bedeutung zu.

Die volkswirtschaftlich begründete normative Nutzungsdauer der Grundmittel sowie die sich daraus ergebenden Abschreibungssätze müssen zu aktiven Instrumenten bei der Modernisierung der vorhandenen Grundmittel, der Durchsetzung des wissenschaftlich-technischen Fortschritts in der Modernisierung der Grundfonds und insgesamt zur Erhöhung der Grundfondsökonomie entwickelt und im Leitungs- und Planungsprozeß entsprechend gehandhabt werden. Dabei sollten vor allem drei Aspekte stärkere Beachtung finden: Zum *ersten* sollten die Kennziffer normative Nutzungsdauer und die Abschreibungssätze stärker vom tatsächlichen technischen Verschleiß der Maschinen und Anlagen ausgehen und ihre planmäßige Modernisierung sowie die Erhaltung, Wartung und Pflege wirksamer stimulieren. Erstes Beurteilungskriterium müßte in jedem Falle die Erhöhung der Leistungsfähigkeit der Grundmittel sein. Zum *zweiten* sollte die normative Nutzungsdauer für Grundmittel in Abhängigkeit von den Leistungszielen, den materiellen Nutzungs-, Verschleiß- und Reproduktionsbedingungen zweigspezifisch

4 Direktive des X. Parteitages der SED zum Fünfjahrplan für die Entwicklung der Volkswirtschaft der DDR in den Jahren 1981 bis 1985, a. a. O., S. 89.

5 K. Marx, Das Kapital, Erster Band, in: MEW, Bd. 23, a. a. O., S. 219.

wesentlich stärker differenziert festgelegt werden. Zum *dritten* erscheint es zwingend notwendig, die normative Nutzungsdauer der Grundmittel sowie die Abschreibungssätze so festzulegen, daß sie sich mit den in den Fünfjahres- und Jahresvolkswirtschaftsplänen vorgesehenen und bilanzierten materiellen Reproduktionsbedingungen in Übereinstimmung befinden. Mit der Verwirklichung dieses Grundsatzes wird die Einheit von materieller und finanzieller Planung in der Grundfondsreproduktion wirksamer und zur Erhöhung der Grundfondsökonomie wesentlich beitragen.

H. Schwarz

Erneuerung der materiell-technischen Basis im Chemiekombinat Bitterfeld durch höhere Veredlung einheimischer Rohstoffe

Unsere ökonomische Strategie für die 80er Jahre hat das Ziel, die Roh- und Brennstoffe volkswirtschaftlich noch wesentlich besser zu verwerten. Aus jedem Kilogramm Rohstoff müssen durch qualifizierte Arbeit soviel hochwertige Erzeugnisse hergestellt werden, wie nur irgend möglich. So erreichen wir eine höhere Stufe der Veredlung für die Produktion unserer Volkswirtschaft. Diese auf dem X. Parteitag vom Genossen Erich Honecker begründete strategische Orientierung bildete den Ausgangspunkt für die Erarbeitung eines Programms der höheren Veredlung einheimischer mineralischer Rohstoffe für das Chemiekombinat Bitterfeld (CKB).

Anläßlich eines Besuches des Genossen G. Mittag in unserem Kombinat wurden wir beauftragt, diesen qualitativ neuen Prozeß der höheren Veredlung beispielhaft für die Volkswirtschaft der Republik zu konzipieren und planmäßig umzusetzen. Dabei war davon auszugehen, daß wir mit

- den verfügbaren einheimischen mineralischen Rohstoffen eine solide, volkswirtschaftlich gesicherte Ausgangsbasis besitzen,
- den Erfahrungen des Kollektivs der Bitterfelder Arbeiter, Angestellten und Angehörigen der Intelligenz gute Voraussetzungen haben und
- dem auf Basis des Politbürobeschlusses zur Stabilisierung und Modernisierung der Grundfonds im Chemiekombinat Bitterfeld vom 5. 10. 1976 erreichten Stand in der Stabilisierung unserer Produktionsanlagen über eine gesicherte Ausgangsbasis für ein Programm der höheren Veredlung verfügen.

Das auf dieser Grundlage erarbeitete Programm der höheren Veredlung einheimischer mineralischer Rohstoffe ist unsere langfristige Strategie zur Erneuerung der materiell-technischen Basis im CKB, es ist die Antwort des Chemiekombinates Bitterfeld auf die uns vom X. Parteitag gestellten Ziele und Aufgaben.

Ausgangspunkt für dieses Veredlungsprogramm waren die volkswirtschaftlichen Anforderungen an das Chemiekombinat Bitterfeld zur höheren Veredlung. Mit der Produktion von über 4000 qualitativ hochwertigen Chemieerzeugnissen wird durch das CKB eine wesentliche Grundlage für die durchgängig höhere Veredlung der Produktion in der Volkswirtschaft der DDR geschaffen. 80% aller Finalerzeugnisse aus Industrie und Landwirtschaft werden in ihrer Gebrauchswertentwicklung von Bitterfelder Erzeugnissen beeinflußt. Durch höhere Veredlung im Chemiekombinat Bitterfeld ist ein dynamisches Leistungswachstum bei gleichbleibendem bzw. geringfügig wachsendem Rohstoff- und Energieeinsatz durch Höchstleistungen aus Wissenschaft und Technik zu sichern.

Auf der Basis der Höherveredlung *einheimischer Rohstoffe* wie Steinsalz, Kalisalz, Anhydrit, Flußspat, Quarzsand und Kalk sowie von Erzeugnissen der Karbochemie, einschließlich der Spaltprodukte des Erdöls, wurden folgende *Veredlungslinien* entwickelt: anorganische Grundchemikalien, Zuliefererzeugnisse für die Mikroelektronik, organische Farbstoffe und Zwischenprodukte, Pflanzenschutz- und Schädlingsbekämpfungsmittel, organische Chlorierungsprodukte, Ionenaustauscher, technische Kohleerzeugnisse und Konsumgüter.

Das Programm der höheren Veredlung einheimischer mineralischer Rohstoffe des CKB erstreckt sich auf einen Zeitraum von 6 bis 8 Jahren. Die Zielstellung des Veredlungsprogramms zur Erhöhung der Leistungen und der Effektivität im Chemiekombinat Bitterfeld besteht insgesamt in der *Erhöhung des Veredlungsgrades von 23 Mark auf 49 Mark* industrielle Warenproduktion je Mark einheimische anorganische Rohstoffe, d. h. in einer *Verdopplung* des Veredlungsgrades.

Die Verwirklichung des „Programms der höheren Veredlung einheimischer Rohstoffe" im VEB Chemiekombinat Bitterfeld erfordert eine tiefgreifende Beschleunigung des wissenschaftlich-technischen Fortschritts. Durch die umfassende Nutzung des vorhandenen geistigen Potentials der Forscher, aller Ingenieure, Chemiker und der Neuerer müssen in bisher nicht gekanntem Maße wissenschaftliche Leistungen mobilisiert werden und auf die Erneuerung der Erzeugnisse und Produktionshaupt- und -hilfsprozesse gerichtet werden. Das ist die Voraussetzung, um im Sinne der Beschlüsse des X. Parteitages und der Erfahrungen des Tetra/Chloralkollektivs langfristig den Leistungszuwachs durch die investitionsarme Rationalisierung zu garantieren und dabei besonders die Effektivität der Produktion durch die Vertiefung der intensiv erweiterten Reproduktion zu erhöhen.

Dazu ist der wissenschaftlich-technische Fortschritt überwiegend als technologischer Fortschritt wirksam umzusetzen, weil von ihm die wesentlichsten ökonomischen und sozialen Wirkungen ausgehen.

Damit sind die Schwerpunkte für die effektive Nutzung von Wissenschaft und Technik wie folgt gesetzt:

– Entwicklung und Anwendung neuer, kontinuierlicher *Verfahren und Technologien* mit höchster Effektivität und bestmöglichen Arbeits-, Lebens- und Umweltbedingungen;

– Erprobung und Einführung neuer und *weiterentwickelter Erzeugnisse* mit hohem Gebrauchswert;

– *Senkung des Produktionsverbrauchs,* besonders des Rohstoff-, Material- und Energieeinsatzes, durch maximale Ausbeuten und Verhinderung bzw. Verwertung von Abprodukten;

– Steigerung der *Arbeitsproduktivität* durch die Anwendung der *Mikroelektronik,* der Robotertechnik, die Entwicklung und den Eigenbau kombinatsspezifischer Rationalisierungsmittel.

Durch Konzentration des Forschungspotentials auf diese Schwerpunkte, durch die Entwicklung der sozialistischen Gemeinschaftsarbeit und durch eine leistungsorientierte Stimulierung werden die Ergebnisse aus Forschung und Entwicklung spürbar verbessert, was sich besonders in der Verkürzung der Entwicklungs- und Überleitungszeiten, in einem Anwachsen von Spitzenleistungen bei Verfahren, Technologien und Erzeugnissen und in einer Verdopplung der Anzahl der Patente ausdrücken muß. Gleichzeitig steigt damit der je Mark aufgewandte Forschungsmittel erzielte Warenproduktionszuwachs von 2,52 M im Zeitraum von 1976 bis 1980 auf 4,50 M bis 5,– M im Jahre 1985 und weiter auf 7,– M bis 7,50 M nach Realisierung aller Maßnahmen des Veredlungsprogrammes. Damit werden mehr als 80% des Leistungs- und Effektivitätszuwachses durch Ergebnisse der wissenschaftlich-technischen Arbeit gesichert.

Der *Hauptweg,* die hohen Zielstellungen dieses Programms der höheren Veredlung zu erreichen, ist die investitionsarme komplexe Rekonstruktion mit umfassender Rationalisierung und Modernisierung der Verfahren, Technologien und Erzeugnisse nach dem Beispiel *Tetra/Chloral* aus dem CKB, wo es gelang, durch die Entwicklung eines modernen patentierten Verfahrens mit 10% der für einen Neubau vorgesehenen Investmittel eine Leistungssteigerung von 50% zu erreichen und den Produktionsverbrauch um 20% zu senken. Diesem Beispiel haben sich bisher 29 Kollektive im CKB angeschlossen. Mit dieser langfristigen strategischen Konzeption des CKB zur höheren Veredlung einheimischer anorganischer Rohstoffe stellt sich das Kollektiv der Werktätigen große Aufgaben für die nächsten Jahre. Die planmäßige Verwirklichung der Ziele dieses Programmes stellt natürlich aber auch neue und höhere Anforderungen an die Volkswirtschaft. Ich denke dabei insbesondere an einen unserer wichtigsten Kooperationspartner, den Chemieanlagenbau.

Wenn wir in unserem Veredlungsprogramm von der höheren Veredlung einheimischer mineralischer Rohstoffe wie Steinsalz, Kalisalz, Kalkstein, Quarzsand, Anhydrit und Flußspat sprechen, geht es dabei immer um die Verarbeitung dieser Rohstoffe zu hochveredelten Erzeugnissen durch entsprechende hocheffektive Verfahren und Technologien. Der Chemieanlagenbau unserer Republik ist jedoch vorrangig auf die Entwicklung und Produktion petrolchemischer Anlagen profiliert.

Wir müssen heute feststellen, daß unsere Republik für die Verarbeitung zahlreicher mineralischer Rohstoffe, über die wir in unserem Land ausreichend verfügen, Chemieanlagen aus dem NSW importieren muß. Ich nenne Beispiele: Chloralkalielektrolysen zur Verarbeitung von Steinsalz und Kalisalz (CKB und Buna); Chloratelektrolysen zur Verarbeitung von Stein- und Kalisalz; Anlagen zur Verarbeitung von Quarzsand für Zuliefererzeugnisse für die Mikroelektronik sowie Anlagen zur Verarbeitung von Flußspat zu Flußsäure als Ausgangsprodukt für hochveredelte Fluorverbindungen (besonders Fluorcarbone).

Des weiteren haben wir für die Herstellung von Schwefelsäure, einem der wichtigsten Grundprodukte für die chemische Industrie selbst und für viele andere Industriezweige, den Rohstoff Anhydrit in nahezu unbegrenztem Umfang in unserem Lande. Für die Herstellung von Schwefelsäure aus Anhydrit gibt es also für unsere Republik keine andere Alternative, zumal als Nebenprodukt noch hochwertiger Zement gewonnen wird. Unser Weg kann also nur in enger *gemeinsamer* verfahrenstechnischer und technologischer Forschungs- und Entwicklungsarbeit zwischen dem CKB und dem Chemieanlagenbau bestehen. Wenn ich diese Beispiele hier anführe, dann nur, um deutlich zu machen, daß ein solches Programm der höheren Veredlung einheimischer mineralischer Rohstoffe nicht allein mit der Kraft eines Kombinates realisiert werden kann. Die Veredlungsstrategie ist eine volkswirtschaftlich komplexe Aufgabe.

Ich habe als Hauptweg zur Erreichung der Ziele des Veredlungsprogrammes im CKB die *investitionsarme komplexe Rekonstruktion* mit umfassender Rationalisierung und Modernisierung der Verfahren, Technologien und Erzeugnisse genannt. Aus den bei der komplexen Rekonstruktion im CKB bisher gewonnenen Erfahrungen lassen sich einige Empfehlungen an die Regelungen zur Planung und Stimulierung in unserer Volkswirtschaft ableiten, die auch für die Realisierung des Veredlungsprogramms prinzipielle Gültigkeit haben. Ich möchte einige wesentliche hervorheben:

– Rekonstruktionsinvestitionen erfordern m. E. weitere Vereinfachungen in der Planung. Sie sollten wirksam unterstützt werden durch Bilanzreserven für bestimmte Lieferungen und Leistungen, die abrufbar von einem zum anderen Jahr vorzusehen sind. Die gegenwärtigen Liefer- und Anmeldefristen von 2–4 Jahren begrenzen, unabhängig von den veränderbaren planmethodischen Regelungen, die Möglichkeiten, Rekonstruktionen ohne Produktionsunterbrechungen schnell produktionswirksam zu machen.

– Der hohe Grad der Arbeitsteilung im Investitionsprozeß macht unter den gegenwärtigen volkswirtschaftlichen Zielstellungen einige negative Aspekte sichtbar. Die derzeitige Leistungsbewertung anlagenbauender Betriebe einschließlich der Baubetriebe ist, trotz der Einführung der Kennziffer Nettoproduktion, noch immer zu sehr auf hohen Zuwachs spezialisierter Leistungen als Warenproduktion ausgerichtet. Planung und Stimulierung sollten jedoch in wesentlich stärkerem Maße auf den Gebrauchswert der Anlage für den Betreiber und auf die Verkürzung der Realisierungszeiten ausgerichtet werden. Der Anlagenbau und der Industriebau sind noch immer weitgehend auf extensiv erweiterte Reproduktion eingestellt, ihr Interesse ist auf Neubauten und Großvorhaben ausgerichtet.

– Die tiefe Arbeitsteilung im Investitionsprozeß orientiert gegenwärtig die Investitionsgüterindustrie vor allem auf hohe Leistungen einzelner spezialisierter Gewerke. Wenn es aus der Sicht der komplexen Rekonstruktion ökonomisch ist, ein Gebäude zu stabilisieren, sollte das Bau- und Montagekombinat diese Aufgabe auch dann übernehmen, wenn komplizierte Arbeiten nur vorwiegend in manueller Weise ausführbar sind.

Für die Durchführung dieser Leistungen sollten nicht nur die Effektivitätskennziffern des Auftragnehmers der Maßstab sein, sondern die beim Auftraggeber, dem Nutzer der zu rekonstruierenden Anlagen, entstehenden ökonomischen Ergebnisse müssen ein entscheidendes Kriterium für die Realisierung von Rekonstruktionen durch die Auftragnehmerbetriebe sein.

Parallel dazu sehen wir natürlich auch Aufgaben, die im Rahmen der komplexen Rekonstruktion durch uns selbst zu lösen sind. Unsere Erfahrungen haben vollauf bestätigt: *Rekonstruktion erfordert einen eigenen Rationalisierungsmittelbau und eine eigene Bauabteilung!*

Die besonderen Merkmale der komplexen Rekonstruktion stellen nicht nur hohe Anforderungen an die Wahrnehmung und Beherrschung umfangreicher Koordinierungsarbeiten und Kooperationsbeziehungen gegenüber den zahlreichen Partnern der Investitionsgüterindustrie und den Bilanzverantwortlichen, sondern auch an die Realisierung einer nicht unbedeutenden Anzahl von Rekonstruktionsvorhaben in voller Eigenregie des CKB. Es hat sich als eine wesentliche Leitungserfahrung erwiesen, daß die in Eigenregie des CKB zu lösenden Rekonstruktionsaufgaben den Aufbau eines eigenen Betriebes für den Bau von Rationalisierungsmitteln sowie eines eigenen Rationalisierungsbaubetriebes zwingend erfordern.

Aus dieser Erkenntnis heraus wurden vom Generaldirektor konkrete Aufträge zur Ausarbeitung entsprechender Vorstellungen erteilt. Die Zielstellungen dafür beinhalten erstens den beschleunigten Ausbau des Rationalisierungsmittelbaues auf ein Leistungsvolumen von mindestens 40 Mio M/a zur Sicherung des Bedarfs betriebstypischer Ausrüstungen und Handhabungsgeräte sowie Roboter für die Realisierung hocheffektiver Ratio- und Rekoobjekte und zweitens den Aufbau eines eigenen Ratiobaubetriebes mit einem Leistungsvolumen von 30 Mio Mark zur komplexen Vorbereitung und Realisierung von Ratio- und Rekovorhaben. Das bei der Durchführung von Reko-Vorhaben erreichbare Tempo der Rationalisierung wird in hohem Maße davon bestimmt, wie die eigenen Reserven des CKB, besonders für den Eigenbau von Rationalisierungsmitteln und den Aufbau eines eigenen Bau- und Montagebetriebes für Rationalisierung, erschlossen werden.

Das sind nur einige Erfahrungen aus der bisherigen Praxis unseres Kombinates bei der Durchsetzung der Politik der Höherveredlung, wie sie vom X. Parteitag beschlossen wurde. Schwerpunkt bleibt für die gesamte Leitungsarbeit, in allen Köpfen die ideologische Klarheit zu schaffen, daß vor allem über den Weg der höheren Veredlung einheimischer Rohstoffe der künftige Leistungszuwachs gesichert werden kann. Zur Durchsetzung dieser Politik der höheren Veredlung erfolgt u. a. die Erarbeitung einer Wissenschafts- und Bildungskonzeption mit dem Ziel, die erforderlichen Voraussetzungen für die Durchsetzung des Programms der höheren Veredlung im Kombinat zu schaffen. Die Erneuerung der materiell-technischen Basis im Rahmen der höheren Veredlung stellt für unser Kombinat die konsequente Fortsetzung der mit dem RSM-Programm begonnenen Politik der Grundfondserneuerung dar, die jetzt jedoch unmittelbar mit dem Leistungszuwachs nach dem Beispiel von Tetra/Chloral verbunden werden muß.

Die strategische Konzeption der höheren Veredlung muß die langfristige Basis auch für die Lösung solcher Prozesse sein, wie der Stabilisierung der gesamten technischen Infrastruktur, der Verbesserung der Arbeits- und Lebensbedingungen und der Beseitigung von umweltbelastenden Problemen.

G. Friedrich

Die materiell-technische Basis und die Leistungskraft der Kombinate

Die Entwicklung der materiell-technischen Basis und damit der Leistungskraft jedes Kombinates steht in einem untrennbaren Zusammenhang mit der Herausbildung des relativ geschlossenen Reproduktionsprozesses in dieser großen Wirtschaftseinheit. Obwohl es für den relativ geschlossenen Reproduktionsprozeß eines Kombinates generelle Merkmale gibt, wir gewissermaßen von einer gesicherten Modellvorstellung ausgehen können, muß man doch im Auge behalten, daß dieser Prozeß in jedem Kombinat spezifischen Bedingungen unterliegt – konkreten Bedingungen der Reproduktion, des erreichten Grades der Vergesellschaftung der Produktion, der volkswirtschaftlichen Verflechtung, der Intensität in der Verbindung von Wissenschaft und Produktion und anderem mehr. Davon ausgehend, ist es zum Beispiel außerordentlich schwer, exakte und zugleich anwendbare Kriterien für die Bestimmung jener niveaubestimmenden Zulieferungen zu geben, die zweckmäßigerweise in jedem Kombinat selbst gefertigt werden sollten. Und eine pragmatische Antwort dergestalt „für mich ist alles das niveaubestimmend, was ich von der Zulieferindustrie zur Zeit nicht bekommen kann" mit der Schlußfolgerung „ich werde es selber herstellen", ist meines Erachtens nicht nur zweifelhaft, sondern ökonomisch gefährlich, weil es in der Konsequenz zu einer kostenungünstigen Zersplitterung der Produktion und zu einer Verzettelung von Kräften und Mitteln in der wissenschaftlich-technischen Vorbereitung der Produktion führen muß. Hier ökonomisch begründete Antworten zu finden, erfordert sorgfältige analytische Untersuchungen, und darin liegt zweifellos ein wichtiges Feld weiterer wirtschaftswissenschaftlicher Arbeiten zur Entwicklung der Kombinate. Ohne tiefer analytisch in die spezifischen Reproduktionsbedingungen einzelner Zweige, einzelner Kombinate einzudringen, werden unsere Aussagen zur Entwicklung des relativ geschlossenen Reproduktionsprozesses in den Kombinaten und damit zur weiteren Entwicklung der materiellen Struktur und der materiell-technischen Basis in den Kombinaten sehr allgemein bleiben. Die Ausgangspunkte und die Grundrichtungen für solche Untersuchungen sind drei eng miteinander verflochtene Prozesse, die es zu verfolgen gilt:

1. Jedes Kombinat muß, wie das von Genossen Erich Honecker auf dem X. Parteitag hervorgehoben wurde, das Produktionsprofil ausbilden, das seiner volkswirtschaftlichen Verantwortung entspricht. Darin eingeschlossen liegen die Prozesse der Höherveredlung der Produktion auf jeder Stufe des volkswirtschaftlichen Reproduktionsprozesses, d. h. jene Prozesse, die dazu beitragen – volkswirtschaftlich gesehen, und analog gilt das für jedes Kombinat –, mit einer gegebenen Menge an Rohstoffen und Energieträgern ein qualitativ besseres und quantitativ größeres Endprodukt der Volkswirtschaft zur Verfügung zu stellen; es handelt sich ferner um die Vervollkommnung der inneren Struktur des Kombinates, die es ihm gestattet, wissenschaftlich-technische Neuerungsprozesse mit höherer Geschwindigkeit und größerer ökonomischer Effektivität zu vollziehen und zugleich flexibel auf sich verändernde Bedingungen des inneren und des äußeren Marktes zu reagieren.

2. Die Struktur des wissenschaftlich-technischen Potentials im Kombinat (das heißt die Verteilung der Kräfte auf Forschung und Entwicklung, Projektierung, Konstruktion, Technologie usw.) und die Entwicklung der materiell-technischen Basis dieses Bereichs (die Ausrüstung der Produktionsvorbereitung mit moderner Informationsverarbeitungstechnik, die Labor-, Meß- und Prüftechnik, der Musterbau, der eigene Rationalisierungsmittelbau usw.) müssen so gestaltet werden, daß eine den internationalen Maßstäben entsprechende Beschleunigung des wissenschaftlich-technischen Fortschritts in der Produktion erreicht werden kann.

3. Die Prozesse der Spezialisierung und Konzentration der Produktion müssen sowohl innerhalb des Kombinates als auch über die Kombinatsgrenzen hinaus weitergeführt werden, mit dem Ziel, Produktionsmaßstäbe für die Anwendung hochproduktiver und materialsparender Technologien zu schaffen, insgesamt von der Produktionsorganisation her solche Bedingungen zu sichern, die es gestatten, das Verhältnis von Aufwand und Ergebnis günstiger zu gestalten.

Wie weit es gelingt, diese Prozesse im jeweiligen Kombinat zu einem Optimum zu führen, ist nicht zuletzt davon abhängig, wie die begrenzt zur Verfügung stehenden Investitionsmittel konsequent als Mittel zur Realisierung der vom Plan her bestimmten Gesamtstrategie des Kombinates eingesetzt werden. Im Vordergrund steht, die ökonomisch günstigste Variante der Vervollkommnung der materiell-technischen Basis in jedem Kombinat anzusteuern – d. h., in erster Linie mit den vorhandenen Grundmitteln und ihrer Modernisierung (was auch den notwendigen Ersatz veralteter Ausrüstungen durch produktivere einschließt) progressive technologische und produktionsorganisatorische Lösungen zu realisieren. Aus mannigfaltigen Gründen ist es nicht möglich, immer nach der „großen Lösung" zu suchen, die meist sehr investitionsaufwendig ist. Den Vorzug haben schnell wirksame, mit relativ geringen Investitionen zu realisierende Rationalisierungsmaßnahmen, die sich in der Regel durch ein günstigeres Verhältnis von Aufwand und Ergebnis auszeichnen.

Die Entwicklung der materiell-technischen Basis in den Kombinaten kann sich – von wenigen Ausnahmen abgesehen – nur in Richtung der Intensivierung der Produktion vollziehen, d. h. vor allem, Investitionen dürfen nicht den erreichten Stand der Produktivkräfte konservieren,
– sie müssen Motor zur Beschleunigung des wissenschaftlich-technischen Fortschritts sein,
– sie unterliegen strengen Effektivitätsmaßstäben, der Steigerung der Arbeitsproduktivität und der Arbeitsplätzeeinsparung, der Durchsetzung material- und energiesparender Technologien, der Höherveredlung der Produktion usw.,
– sie dienen vorwiegend der Modernisierung, Rationalisierung und Rekonstruktion des vorhandenen Grundmittelbestandes.

Entscheidende Eckpfeiler für die Vervollkommnung der materiell-technischen Basis in den Kombinaten sind die technologische Forschung und Entwicklung, der eigene Rationalisierungsmittelbau und – in Verbindung mit dem Vorgenannten – die Entwicklung effektiver Automatisierungslösungen, vor allem auf der Grundlage der Mikroelektronik, automatisierter Prozeßsteuerungen und Robotertechnik. Über sie muß ein bedeutender Teil des Effektivitäts- und Leistungszuwachses gesichert werden.

Ein Leistungswachstum, das durch Wissenschaft und Technik getragen ist und nicht über die quantitative Ausdehnung der materiell-technischen Basis, sondern über ihre qualitative Veränderung gesichert wird, erfordert – neben höchsten Ansprüchen an die investitionsgüterherstellende Industrie, die ja durch das Niveau der von ihr produzierten Ausrüstungen die Effektivität der Reproduktion der Grundfonds, der Erneuerungs- und Aussonderungsstrategie in der Volkswirtschaft wesentlich bestimmt – wachsende Eigenleistungen jedes Kombinates zur Entwicklung seiner materiell-technischen Basis. Das betrifft neue technologische Verfahren für die Gestaltung der Haupt-, Hilfs- und Nebenprozesse und „maßgeschneiderte“ Lösungen (bis hin zu Sonder- und Spezialmaschinen, Handhabetechnik, periphere Ausrüstungen für den Robotereinsatz) der Mechanisierung und Automatisierung sowie einen wachsenden Anteil eigener Leistungen zur Modernisierung des vorhandenen Grundmittelbestandes.

Die Beschleunigung des wissenschaftlich-technischen Fortschritts wirft im Bereich der Reproduktion der Grundmittel komplizierte Fragen des Verhältnisses zwischen Ersatz verschlissener Grundmittel und Modernisierung vorhandener Grundmittel auf: Die Verkürzung des Sortimentsumschlages in vielen Zweigen des Maschinenbaus auf drei bis fünf Jahre ist Ausdruck eines durch ständig neue wissenschaftlich-technische Lösungen gespeisten Prozesses der Verbesserung des Produkts, der in gleichem Maße zur Erhöhung des moralischen Verschleißes bei bereits im Einsatz befindlichen Grundmitteln führt. Hier erhebt sich die Frage, ob es volkswirtschaftlich möglich und vertretbar ist, physisch noch intakte Maschinen und Ausrüstungen in „Größenordnungen“ auszusondern, da es zwischenzeitlich produktivere Ausrüstungen gibt, bessere technische Lösungen insbesondere durch den Einsatz moderner Steuerungen, Werkstückzuführungen usw.? Ein solcher Weg ist vom Standpunkt der Materialökonomie (Verschrottung intakter Ausrüstungen) nicht zweckmäßig und vom Standpunkt der Investitionskraft der Volkswirtschaft nicht vertretbar. Hier zeichnet sich (auch international) ein Weg ab, dem sich sowohl die Anwender als auch die Hersteller entsprechender Maschinen und Anlagen stellen müssen: die industriemäßige Modernisierung im Einsatz befindlicher Grundmittel, um den „Maschinenkörper“ zu erhalten, zugleich die Leistungsfähigkeit durch neue Bauelemente, Steuerungsvorrichtungen usw. wesentlich zu erhöhen. Damit werden neue Fragen im Herangehen an die Grundmittelreproduktion in vielen Kombinaten und für die anlagenproduzierenden Kombinate aufgeworfen:

1. Im Zusammenhang und in Wechselwirkung mit den langfristig konzeptionellen Vorstellungen zur Entwicklung der Technologie in jedem Kombinat müssen sorgfältige grundfondswirtschaftliche Untersuchungen durchgeführt werden, deren Zielsetzung darin besteht, den Kreis der modernisierungswürdigen Grundmittel möglichst genau zu bestimmen.

2. Die Funktion des Ausrüstungsproduzenten in bezug auf die Modernisierung der im Einsatz befindlichen Grundmittel verändert sich: Er muß neue wissenschaftlich-technische Erkenntnisse, wie sie in seinen neuen Erzeugnissen Niederschlag finden, für die Modernisierung der im Einsatz befindlichen Ausrüstungen einbringen. Das bedeutet, daß der Produzent nicht nur eine hohe Verantwortung für die von ihm gelieferten Ausrüstungen trägt, sondern, daß diese Verantwortung ihm zugleich solche Pflichten auferlegt, die ein entsprechendes Leistungsangebot für die Modernisierung von ihm gelieferter und bereits seit Jahren im Einsatz befindlicher Ausrüstungen einschließt. Damit in Verbindung muß auch die Verantwortung des Ausrüstungsproduzenten für Generalreparaturen der von ihm gelieferten Anlagen volkswirtschaftlich weiter durchdacht werden.

3. Soweit die Ausrüstungsproduzenten für die Modernisierung im Einsatz befindlicher Maschinen und Anlagen materielle Leistungen erbringen müssen, hat das entsprechende Konsequenzen für die weitere Profilierung der Kapazitätsstruktur (überdurchschnittliche Produktionssteigerung bei bestimmten Baugruppen), für das Leistungsangebot dieser Kombinate und muß auch bei der Leistungsbewertung berücksichtigt werden.

4. In jedem Falle wird aber auch der Anwender mit seinem eigenen Rationalisierungsmittelbau einen bedeutenden Anteil bei der Modernisierung leisten müssen. Diese Aufgabenstellung ist nicht neu, muß aber unter den Bedingungen der achtziger Jahre im Zusammenwirken von Ausrüstungsproduzenten und Anwendern der Maschinen und Anlagen im Hinblick auf die gesamtvolkswirtschaftliche Investitionsstrategie neu durchdacht werden.

5. Es müßte geprüft werden, ob und in welcher Richtung Veränderungen in der wertmäßigen Widerspiegelung der Reproduktion der Grundmittel und in den Methoden zur Finanzierung der Grundmittelmodernisierung erforderlich werden. So ergibt sich z. B. die Frage, inwieweit Veränderungen der normativen Nutzungsdauer bzw. der Abschreibungssätze eine volkswirtschaftliche Modernisierungsstrategie unterstützen könnten. Meines Erachtens setzt allerdings ein solches Vorgehen eine Umbewertung der Grundmittel voraus, und hierbei würde sich sofort die zusätzliche Frage ergeben, ob die aus Veränderungen der Grundmittelbewertung resultierenden positiven Impulse eine solche zweifellos sehr arbeitsaufwendige Umbewertung der Grundmittel rechtfertigen.

Die Leitung und Planung der Investitionstätigkeit sowie die planmäßige Reproduktion der Grundmittel im Kombinat, d. h. im Rahmen einer großen Wirtschaftseinheit, weist eine Reihe von Vorteilen auf:

– Ausgehend von einer langfristig festgelegten Entwicklung der Produktionsstruktur des Kombinates und der Kombinatsbetriebe ist die Kombinatsleitung in der Lage, die Investitionen langfristig in den relativ geschlossenen Reproduktionsprozeß des Kombinates mit entsprechender Rang- und Reihenfolge einzuordnen.

– Die Kombinatsleitung kann den systematischen Aufbau und die Entwicklung leistungsfähiger Kapazitäten für die Vorbereitung und Durchführung der Investitionstätigkeit besser gewährleisten als ein einzelner Betrieb.

– Die Kombinatsleitung verfügt über Möglichkeiten für den konzentrierten Einsatz von Kadern und zentralisierten Kapazitäten zur Durchführung der Investitionen in den Kombinatsbetrieben entsprechend der festgelegten Reihenfolge.

– Im Kombinat ist die Möglichkeit gegeben, mit Investitionen den veränderten Marktbedingungen und den Erfordernissen neuer Erkenntnisse des wissenschaftlich-technischen Fortschritts besser zu entsprechen.

Die Beschleunigung des wissenschaftlich-technischen Fortschritts in der Produktion stellt neue Anforderungen an die Investitionstätigkeit der Kombinate. Das wird besonders deutlich, wenn es sich um Investitionen für die Realisierung von Spitzenleistungen mit hohem volkswirtschaftlichem Effekt handelt. Qualitativ neue Forderungen an die Investitionstätigkeit ergeben sich hierbei vor allem in folgender Beziehung:

1. Die erforderlichen Investitionen zur Überleitung einer wissenschaftlich-technischen Spitzenleistung in die Produktion müssen bereits im Stadium der Ausarbeitung der Aufgabenstellung für die wissenschaftlich-technische Arbeit grob konzipiert werden. In dieser Etappe geht es um die generelle Prüfung der Realisierbarkeit der angestrebten wissenschaftlich-technischen Lösung.

2. Eine mit Investitionen verbundene Überleitung von wissenschaftlich-technischen Leistungen in die Produktion erfordert, parallel zur Ausarbeitung der Erzeugniskonzeption die Aufgabenstellung oder Grundsatzentscheidung der Investition vorzubereiten und von Beginn an mit der Bank, der jeweiligen Begutachterstelle und dem Territorium abzustimmen.

3. Die planmäßige Verbindung der wissenschaftlich-technischen Leistung mit der Investitionstätigkeit erfordert die Prüfung der Auswirkungen auf die bestehende materiell-technische Basis der Kombinatsbetriebe. Schwerpunkt bildet dabei die Einschät-

zung des Einflusses des Neuerungsprozesses auf die bestehenden Grundfonds in qualitativer und quantitativer Hinsicht.

4. Nach gründlicher Vorbereitung der Überleitung der wissenschaftlich-technischen Leistung in die Produktion und des damit verbundenen Investitionsvorhabens ist das Gesamtvorhaben in den Plan des Kombinates aufzunehmen. Einordnung in den Plan des Kombinates heißt aber:
– Bilanzierung der Aufwendungen für die Realisierung der wissenschaftlich-technischen Leistung einschließlich des Investitionsvorhabens und der anderen notwendigen Anforderungen im Reproduktionsprozeß,
– Festlegung der Jahresanteile für die Realisierung des Gesamtvorhabens und damit für die Realisierung der wissenschaftlich-technischen Leistung und des Investitionsvorhabens,
– Herausarbeitung eventueller „Bilanzlücken“ und Festlegung von Maßnahmen zu deren schrittweiser Schließung,
– Ableitung eines Ablaufplanes für die Überleitung der wissenschaftlich-technischen Leistung in die Produktion.

Wichtig ist, daß die technischen und ökonomischen Parameter des Pflichtenheftes und der Grundsatzentscheidung des Investitionsvorhabens ohne Abstriche Bestandteil des Planes des Kombinates werden. Dadurch erhalten die in den konzeptionellen Unterlagen enthaltenen technischen und ökonomischen Zielstellungen für alle Beteiligten auch in der Durchführung verbindlichen Charakter.

5. Es wirkt sich positiv aus, wenn die Qualifizierung der Kader für die neuen Abschnitte der Produktion nicht nur theoretisch, sondern zumindest für einzelne technologische Prozesse in anderen Betrieben oder Institutionen, die ähnliche Technologien bereits beherrschen, auch praktisch erfolgt. Insbesondere beim erstmaligen Einsatz solcher Technologien wie Industrieroboter und Mikroelektronik zur Steuerung verschiedener Prozesse wird durch diesen Weg das Risiko beträchtlich eingeschränkt und das zu zahlende Lehrgeld minimiert.

6. Die Herstellung einer engen Verbindung von wissenschaftlich-technischer Leistung und Investitionstätigkeit erfordert ein gut funktionierendes, vorausschauendes System der Kontrolle. Das ist vor allem in folgendem begründet:
– Leitung und Planung von Neuerungsprozessen heißt, eine Vielzahl von Beziehungen in ihren Abhängigkeiten und Rückwirkungen im Reproduktionsprozeß sicher zu beherrschen. Um das zu meistern, erlangt das Kontrollsystem einen besonders hohen Stellenwert.
– Leitung und Planung von Neuerungsprozessen enthalten Risiken bei Forschung und Entwicklung in der Investitionstätigkeit, bei der Anwendung neuer Technologien, der Entwicklung neuer Rationalisierungsmittel usw. Mit Hilfe des Kontrollsystems müssen diese Risiken schrittweise eingegrenzt werden.
– Sind im Neuerungsprozeß die Bedingungen gegeben, Spitzenleistungen zu erreichen, ihre Breitenwirksamkeit über die neue materiell-technische Basis potentiell zu ermöglichen, entscheidet die Kontrolle zur Sicherung des marktgünstigsten Einführungszeitpunktes wesentlich über die ökonomische Wirksamkeit der Neuerung.

Die Maßstäbe für die Leitung und Planung der Investitionstätigkeit sind durch den gemeinsamen Beschluß des Politbüros des ZK der SED und des Ministerrates der DDR „Über die Erhöhung der Effektivität der Investitionen zur weiteren Stärkung der ökonomischen Leistungsfähigkeit der DDR“ gegeben. Der zielgerichtete Einsatz von Investitionen ist ein wesentlicher Faktor, die materiell-technische Basis im Kombinat so zu gestalten, daß ein langfristiger stabiler Leistungszuwachs mit hoher Effektivität möglich wird.

W. Kunz

Materiell-technische Basis und sozialistische ökonomische Integration

Ausgehend von der Marxschen Theorie der Reproduktion und den Beschlüssen des X. Parteitages der SED zur Wirtschaftsstrategie, wurde im Referat des Genossen Professor Koziolek begründet, daß der weitere Ausbau der materiell-technischen Basis des Sozialismus in der DDR immer stärker von der Notwendigkeit bestimmt wird, zu einer höheren Stufe der Intensivierung überzugehen, die auf die umfassende Verwirklichung der intensiven Reproduktion gerichtet ist. Wichtig erscheint mir dabei besonders auch die Feststellung, daß dieser Weg als Grundlage für die weitere wirtschaftliche Entwicklung für uns keine Ermessensfrage ist.

In das vom X. Parteitag der SED erarbeitete Konzept gesellschaftlicher Entwicklung unter den veränderten Reproduktionsbedingungen unseres Landes ist die ökonomische Integration mit der Sowjetunion und den anderen RGW-Ländern als ein Element der ökonomischen Strategie zur Stärkung des Sozialismus und seiner materiell-technischen Basis in der DDR fest eingeordnet. Daß die sozialistische ökonomische Integration dabei nicht ausdrücklich als einer der 10 Schwerpunkte der Wirtschaftsstrategie formuliert wurde, unterstreicht meines Erachtens ihren übergreifenden Charakter, und die Tatsache, daß sie auf alle Schwerpunkte der Wirtschaftsstrategie einwirkt und umgekehrt von diesen beeinflußt wird. Damit wird eine These unserer Wirtschaftswissenschaftlichen Konferenz vom Oktober 1980 bekräftigt, daß die sozialistische ökonomische Integration als *Intensivierungsbedingung* wirkt.

Die Ursache für den Einfluß der sozialistischen ökonomischen Integration auf das volkswirtschaftliche Wachstum und die Stärkung der materiell-technischen Basis ist bekanntlich die wachsende Vergesellschaftung von Produktion und Arbeit. Damit werden größere Maßstäbe und rationellere Wege zur besseren Nutzung der Faktoren zur Steigerung der Arbeitsproduktivität erschlossen. Wir nutzen dazu in der Leitung und Planung der Wirtschaft Maßnahmen und Methoden der Plankoordinierung, langfristige Zielprogramme für Schwerpunktbereiche, bilaterale Programme der Spezialisierung und Kooperation der Produktion bis hin zu vielfältigen Direktbeziehungen und selbstverständlich den Außenhandel zwischen den RGW-Ländern.

Genosse Fenske (S. 85) hat hier bereits einige Zahlen über die Außenhandelsentwicklung der DDR angeführt und sich dann vorwiegend auf den Handel mit dem nichtsozialistischen Wirtschaftsgebiet konzentriert.

Wir können und müssen aber in unseren Analysen und Verallgemeinerungen zur materiell-technischen Basis zugleich (oder in noch stärkerem Maße) davon ausgehen, daß bereits gegenwärtig ein hoher Verflechtungsgrad der Volkswirtschaft der DDR mit den Volkswirtschaften anderer RGW-Länder, besonders der UdSSR, besteht. Das sei an wenigen Fakten illustriert:

1. Von den hier bereits genannten 120 Mrd. VM Außenhandelsumsatz der DDR in diesem Jahr setzen wir über 75 Mrd. VM mit den anderen RGW-Ländern um. Das ist – gemessen an unserem Nationaleinkommen – eine gewaltige Summe materieller

bzw. gebrauchswertmäßiger Umverteilung, die mit hoher Effektivität realisiert werden kann bzw. bereits realisiert wird.

2. Rund fünf Sechstel des gesamten Importbedarfs der DDR an Industrierohstoffen und Brennstoffen beziehen wir aus RGW-Ländern und besonders aus der UdSSR. Darunter befinden sich u. a. 100% des importierten Erdgases und 87% des importierten Erdöls, 78% des importierten Stahls, über 88% der importierten Baumwolle usw.

3. Etwa 50% der gesamten Elektroenergie unseres Landes wird gegenwärtig bereits in Kraftwerken produziert, die nach dem VIII. Parteitag der SED errichtet wurden, und zwar vorwiegend mit sowjetischen energetischen Hauptausrüstungen. Das ist ohne Zweifel ein entscheidender stabilisierender Faktor im Zusammenhang mit unserer materiell-technischen Basis und ihrer Entwicklung.

4. Die DDR ist selbst zu einem bedeutenden Exporteur von Maschinen, Ausrüstungen und Transportmitteln im RGW geworden. Diese Erzeugnisse des Maschinenbaus umfassen fast 70% unseres Gesamtexports in andere RGW-Länder. Von den ausgetauschten spezialisierten Maschinen und Ausrüstungen zwischen den RGW-Ländern stammen gegenwärtig rund ein Viertel aus der DDR.

5. Fast ein Fünftel des Gesamtimports der Sowjetunion an Maschinen, Ausrüstungen und Transportmitteln kam in den letzten drei Jahren aus der Volkswirtschaft der DDR. Genauer gesagt waren es 1979 gleich 18,8% und 1980 gleich 18,6%. Das ist eine Zahl, die den hohen Verflechtungsgrad, zugleich den Abhängigkeitsgrad unserer beiden Länder auf wichtigen Gebieten zum Ausdruck bringt, wenn auch mit unterschiedlichen Gewichten.

Dieser hohe Verflechtungsgrad unserer Volkswirtschaft mit der Volkswirtschaft der UdSSR und anderer RGW-Länder unterstreicht zugleich die große Verantwortung für die Entwicklung und Festigung der materiell-technischen Basis des Partners, für die ständige kritische Überprüfung der Ergebnisse von Wissenschaft, Technik und Produktion am Weltstand, für deren Modernisierung.

Gerade in diesem Zusammenhang möchte ich vollauf die These im Referat unterstreichen, daß die produktive Nutzung der geistigen Arbeit durch eine hohe Veredlung und Qualität der Produkte und der Technologien an Bedeutung gewinnt. Die Qualitätsarbeit mit der stärkeren Nutzung des wissenschaftlich-technischen Fortschritts als Grundlage steht dabei nicht nur stärker im Mittelpunkt der praktischen Wirtschaftspolitik, sondern auch der theoretischen Arbeit. Sie bildet eine entscheidende Grundlage für die weitere „Verwohlfeilerung" der gesellschaftlichen Arbeit. Dabei geht es vor allem auch um die Fragen:

– Wie ist die Veredlung und die Qualitätsarbeit im Hinblick auf das jeweilige und sich weiter entwickelnde Niveau in der Welt zu verstärken und auch exakt und kompromißlos zu bewerten?

– Wie ist die Durchsetzungsfähigkeit der Qualitätsarbeit der DDR auf den Weltmärkten zu sichern, nicht nur auf den kapitalistischen, sondern zunehmend auch auf dem sozialistischen Weltmarkt?

Im Zusammenhang mit diesen Fragestellungen sollten wir uns – ausgehend von praktischen Erfahrungen – auch in unserer theoretisch-analytischen Arbeit immer wieder damit konfrontieren, daß das im eigenen Land errungene Gütezeichen „Q" nicht automatisch, gewissermaßen schlechthin oder für alle Zeit bzw. in allen Fällen ausschließlicher Gradmesser für den Leistungsstand ist. Hierüber entscheidet letztlich das Bestehen im kompromißlosen Leistungsvergleich, d. h. unter den Konkurrenzbedingungen auf dem Weltmarkt. „Q" muß sich auf dem Weltmarkt immer wieder neu behaupten, es muß ständig neu überprüft werden. Dieses Gütezeichen nutzt – aus ökonomischer Sicht betrachtet – in solchen Fällen recht wenig, wenn für die entsprechenden Produkte auf dem Weltmarkt ein Devisenerlös erzielt wird, der gegenüber dem Eigenaufwand unter 1,0 liegt.

Ergänzend möchte ich hinzufügen, daß es gerade im Zusammenhang mit dem Export von Qualitätserzeugnissen wichtig ist, trotz hochgesteckter Exportziele in das kapitalistische Ausland den Export in die UdSSR und andere sozialistische Länder stets abzusichern.

Im Zusammenhang mit unserem heutigen Thema ergeben sich eine ganze Reihe weiterer, für Theorie und Praxis gleichermaßen wichtige Fragen, die einer Lösung bedürfen.

Dazu eine erste Frage: Um die Wechselbeziehungen von materiell-technischer Basis und sozialistischer ökonomischer Integration deutlich zu machen, wird vielfach von ihrer „organischen Verbindung“ oder von ihrer „vom Wesen her untrennbaren Verbindung“ gesprochen. Ich halte das nicht für falsch, weil es im Kern auf die sich objektiv vollziehende Vergesellschaftung von Produktion und Arbeit bei wachsender Internationalisierung des Wirtschaftslebens hinausläuft. Was aber macht das sozialistische Wesen in diesen Wechselbeziehungen aus, was unterscheidet sie historisch von den Wechselbeziehungen in der kapitalistischen Wirtschaft, die es dort ohne Zweifel auch gibt?

Unter sozialistischen Integrationsprozessen verstehen wir solche Prozesse, die *planmäßig* materiell und finanziell unmittelbar in den Volkswirtschaften der RGW-Länder vollzogen werden, um durch arbeitsteilige, das heißt koordinierte bzw. gemeinsame Aktivitäten von gleichberechtigten Partnern für alle Beteiligten Ergebnisse mit größtmöglichem Nutzen bei geringstmöglichem Aufwand und immer besserer Bedarfsdekkung zu erlangen. Sie sind von vornherein Gegenstand der komplexen Leitung, Planung und ökonomischen Stimulierung in allen Phasen des Reproduktionsprozesses und für alle Leitungsebenen.

Dabei sollten wir noch besser beachten, daß die Struktur und die Organisation der materiell-technischen Basis jedes RGW-Landes historisch konkret und damit nicht gleich bzw. nicht gleichermaßen weit in allen RGW-Ländern entwickelt ist. Das bezieht sich auf die Proportionen zwischen den Zweigen und Bereichen sowie innerhalb derselben, auf das wissenschaftlich-technische Niveau, auf den Bedarf und anderes mehr.

Heute wissen wir, daß Integrationsprozesse nicht automatisch zur qualitativen und quantitativen Erneuerung und Entwicklung der materiell-technischen Basis jedes beteiligten RGW-Landes beitragen. Wirkungen von Integrationsmaßnahmen in den Volkswirtschaften, die solche anstehenden qualitativen Aufgaben (zum Beispiel den höheren Druck auf die Materialökonomie, die Rohstoff-, Energie- und Arbeitskräfteeinsparung usw.) negativ beeinflussen, widersprechen den Effektivitätserfordernissen jedes beteiligten RGW-Landes. Jede Integrationsmaßnahme muß auf die Dauer für die beteiligten Volkswirtschaften zu größerer Effektivität führen. Sie muß damit zur Stärkung der materiell-technischen Basis jedes RGW-Landes beitragen, soll sie ihren ökonomischen, politischen und ideologischen Sinn erfüllen.

Damit ergibt sich zugleich eine weitere Frage: Wie integrationsfähig sind die Volkswirtschaften der RGW-Länder und ihre jeweilige materiell-technische Basis? Inwieweit haben wir bereits den für die 90er Jahre und die Jahre nach 2000 notwendigen Vorlauf für die weitere Entwicklung der Energie- und Rohstoffbasis sowie den Vorlauf für die revolutionierenden wissenschaftlich-technischen Bereiche der Volkswirtschaften geschaffen? Die Beantwortung dieser Fragen ist für den Sozialismus besonders in der gegenwärtigen Zeit der veränderten und sich weiter verändernden Reproduktionsbedingungen von großer Bedeutung. Reichen in diesem Zusammenhang die eingeleiteten bzw. konzipierten Integrationsmaßnahmen aus? Reichen sie zum Beispiel aus, um den Primärenergiezuwachs nach 1990 und auch den Ersatz des Rückgangs an fossilen Brennstoffen für die DDR nach dem Jahre 2000 durch Kernenergie zu decken? Reichen sie aus, um in bezug auf das enorme Tempo in der Mikroelektronik Schritt zu halten und weiter zur Spitze vorzudringen?

Die Sicherung eines hohen Entwicklungstempos in der zweiten Hälfte der 80er und in den 90er Jahren verlangt, daß wir heute schon die materiell-technische Basis dafür vorbereiten, und zwar in Gemeinschaftsarbeit mit der UdSSR und anderen RGW-Ländern. Das heißt doch aber: Durch die sozialistische internationale Zusammenarbeit zu vollziehende Neuerungsprozesse müssen schon heute mit auf die zukünftige materiell-technische Basis jedes RGW-Landes bezogen sein. Zugleich muß die materiell-technische Basis jedes RGW-Landes aufnahmefähig für diese Kooperation zur Realisierung der Neuerungsprozesse und damit integrationsfähig sein, und zwar immer in Richtung auf die Intensivierung und eine höhere Effektivität der Kooperation. Einen Selbstlauf gibt es hierbei nicht, auch nicht bei sich neu herausbildenden Strukturen, Technologien, wie in der Mikroelektronik und der Robotertechnik. Dabei spielen aussagefähige Effektivitätsrechnungen und Bedarfsanalysen gerade für diese progressiven Bereiche eine zunehmende Rolle. Gerade auf dem Gebiet der Effektivitätsrechnungen und der Bedarfsanalysen haben wir inhaltlich und methodisch noch einen großen Nachholebedarf mit entsprechenden Forderungen an uns, die Vertreter der ökonomischen Wissenschaft.

Eine weitere wichtige Frage für die Stärkung der sozialistischen Gemeinschaft ist heute diejenige nach der Richtung, in die sich die Integrationsprozesse zwischen RGW-Ländern mit relativ hochentwickelter Industrieproduktion vollziehen und nach den Richtungen für Länder mit einer vom Niveau her weniger entwickelten materiell-technischen Basis bzw. Industriestruktur wie zum Beispiel Kuba, Vietnam und die Mongolische Volksrepublik, zunehmend aber auch andere Länder, die sich daran orientieren. Das Interesse an der Herausbildung und Entwicklung materiell-technischer und natürlich auch personeller Voraussetzungen für eine intensivere, von den Erfordernissen höchster Effektivität geprägte Leistungsentwicklung wird in diesen RGW-Ländern dadurch gestärkt, daß sie mit der materiell-technischen Hilfe von Seiten der europäischen RGW-Länder gleichzeitig auch deren konkrete Erfahrungen in der maschinellen Großindustrie in Stadt und Land übernehmen. Wenn wir heute Kraftwerksanlagen, Zementwerke, Fördereinrichtungen und andere Industrieeinrichtungen in zunehmenden Größenordnungen in diesen RGW-Ländern errichten und junge Kubaner und Vietnamesen in unseren Kombinaten zu Fachleuten ausbilden, so nehmen auch wir damit Einfluß auf die konkrete Organisation der Produktion und auf deren Struktur und damit auf die Entwicklung der Struktur und überhaupt des Niveaus der materiell-technischen Basis in diesen RGW-Ländern.

Natürlich wird die materiell-technische Basis solcher Länder wie Kuba, der SRV und auch der MVR wesentlich von ihren ganz konkreten historischen und materiellen Bedingungen geprägt. Bereits heute steht die Frage vor diesen RGW-Ländern, ob der Abbau und die weitere Verarbeitung ihrer Rohstoffe extensiv geschehen muß oder in hocheffektiven, vergegenständlichte und lebendige Arbeit sparenden Reproduktionsprozessen, trotz noch massenhaft vorhandener, wenig qualifizierter Arbeitskräfte (beispielsweise in der SRV und in Kuba).

Hier begegnen sich theoretisch und praktisch nicht nur die Entwicklungsfragen der materiell-technischen Basis der Sowjetunion oder der DDR und der sozialistischen ökonomischen Integration. Hier geht es vielmehr übergreifend um die Ausnutzung der ökonomischen Gesetze des Sozialismus in allen RGW-Ländern zum Nutzen jedes Landes der gesamten Gemeinschaft. Hier geht es auch darum, inwieweit wir konkret beispielgebend sind für andere Länder der dritten Welt, die politisch bereit sind, den sozialistischen Entwicklungsweg zu beschreiten.

Ich möchte schlußfolgern, daß es aus der Sicht der Gesamtentwicklung des Sozialismus zu eng wäre, wollte man die Wechselbeziehungen von materiell-technischer Basis und sozialistischer ökonomischer Integration nur auf die Gestaltung der Produktionsstruktur beziehen. Diese Wechselbeziehungen beinhalten mehr, sie sind eine Erscheinungsform der grundsätzlichen Frage unserer Zeit, die Kräfte der sozialistischen Gemeinschaft ökonomisch auf die rationellste Weise zusammenzufassen und so der Herausforderung der 80er Jahre, insbesondere der Auseinandersetzung des Sozialismus mit dem Kapitalismus zu entsprechen. Das Hauptfeld der Auseinandersetzung ist – (wie L. I. Breshnew auf dem XXVI. Parteitag der KPdSU erneut betonte) – die Wirtschaft. Die Wirtschaft der RGW-Länder der 80er Jahre ist historisch geprägt von dem Erfordernis zur intensiven Kooperation in Produktion, Wissenschaft und Technik in der sozialistischen Staatengemeinschaft, geschart im Bruderbund um die Sowjetunion. Die materiell-technische Basis des Sozialismus in unserem Lande zu stärken und damit den notwendigen volkswirtschaftlichen Leistungsanstieg voranzutreiben, erfordert zugleich, alles zu tun, um die Kraft der Gemeinschaft und jedes einzelnen ihrer Mitgliedsländer umfassend und allseitig zu nutzen.

Das ist auch ein hoher Leistungsanspruch und zugleich Auftrag an die ökonomische Wissenschaft und damit an uns, die wir sie vertreten und durch unsere Arbeit vorantreiben müssen.

H. Bley

Das Wirksamwerden der materiell-technischen Basis und die lebendige Arbeit

Die Erfahrungen des Rates für Ökonomie und Organisation der Arbeit sowie der Praxis lehren, daß alle Schwerpunktaufgaben der ökonomischen Strategie mit der Wirksamkeit der lebendigen Arbeit verbunden sind; es gibt keine, die man losgelöst von der lebendigen Arbeit betrachten kann.

Ich möchte auf einige wenige Fragen der Beziehungen zwischen materiell-technischer Basis und Wirksamkeit des Arbeitsvermögens eingehen.

1. Für die Beziehungen zwischen der Entwicklung und Nutzung der materiell-technischen Basis einerseits und der Wirksamkeit der lebendigen Arbeit andererseits ist das richtige Verständnis der Funktion und Rolle der lebendigen Arbeit eine Grundvoraussetzung. Oft wird die funktionelle Beziehung der materiell-technischen Basis und der Entwicklung der lebendigen Arbeit nur in der Form der sich aus der materiell-technischen Basis und ihrer Nutzung ergebenden Konsequenzen und bloßen Folgen für die Arbeitskraft gesehen. Gleichermaßen ergeben sich aber auch wichtige Erfordernisse und Aufgaben des Arbeitsvermögens in Wirkungsrichtung auf und für die materiell-technische Basis. Wir haben es gewissermaßen mit zwei Wirkungsfeldern der lebendigen Arbeit im Hinblick auf die materiell-technische Basis zu tun, also mit den Beziehungen Arbeitsvermögen → materiell-technische Basis → Arbeitsvermögen.

Keinesfalls darf die Wirksamkeit der lebendigen Arbeit eine bloße Konsequenz *aus* der materiell-technischen Basis sein, sondern muß als aktives Element der Einwirkung *auf* die materiell-technische Basis behandelt und entwickelt werden.

Die Praxis bestätigt, daß bei der Nutzung der vorhandenen materiell-technischen Basis, ihrem Wirksammachen, bei der Arbeitsgestaltung vorhandener Technik, also auf dem Gebiet der eingesetzten Produktionstechnik (laufende Produktion), mit der WAO bei der rationellen Nutzung des Arbeitsvermögens bereits umfangreiche Erfahrungen gesammelt wurden und eine positive Bilanz nachweisbar ist.

Demgegenüber sind die Erfahrungen, die konkreten Methoden und die Einflußnahme bei Neuentwicklung der Technik und Technologie, die bewußte Mitwirkung bei der Entwicklung und beim Ausbau der materiell-technischen Basis m. E. noch zu wenig entwickelt. Dort liegen gewissermaßen unsere ungelösten Probleme, dort liegt aber auch der höhere Effektivitätsgewinn. Daraus ergeben sich als Erfordernisse:

– künftig stärkere Einbeziehung arbeitswissenschaftlicher Anforderungen in die Entwicklung der materiell-technischen Basis im Interesse der Erzielung hoher Effektivität der Arbeit, aber auch der Lösung sozialer Probleme, z. B. bewußtere Entwicklung der Robotertechnik, und zwar nicht nur dort, wo sie relativ leicht möglich, sondern dort, wo sie aus Gründen der Effektivität und der Arbeitsbedingungen notwendig ist. Es gibt auch hier bereits einige gute Ansätze (z. B. Materialien für die Praxis „WAO in der Produktionsvorbereitung", erarbeitet vom Zentralen Forschungsinstitut für Arbeit, Dresden), aber der durchgreifende Vorlauf ist noch nicht gesichert und gelöst;

– größeres Gewicht der Erforschung und rechtzeitigen Wirksammachung von Faktoren künftiger Arbeitsprozesse, d. h. stärkere Beachtung der Fragen der Ökonomie der Zukunft.

Wir benötigen im stärkeren Maße ökonomische Aussagen und Wertungen über optimale Aufwandsverhältnisse bei künftigen neuen Erzeugnissen. Voraussagen über ökonomische Entwicklungen und zu erwartende Bedingungen hinsichtlich sich verändernder technisch-technologischer Prozesse sind für die planmäßige Vorbereitung und Sicherung einer hohen Effektivität der Arbeit erforderlich. Immer bedeutungsvoller wird die Ökonomie der Zeit, der Kampf um *Zeit- und Vorlaufgewinn* und damit rechtzeitige Voraussagen über günstigste Zeitaufwände, Zeiträume und Zeitpunkte. Erkenntnisgewinn und der Umgang mit den Zeitregimen und verschiedenen Kategorien der Ökonomie der Zeit sind noch nicht ausreichend. Mit den Kategorien Zeitfonds, Zeitraum, Zeitpunkt usw. und ihren inneren Verflechtungen und Beziehungen wird m. E. noch zu wenig zwingend geplant und gearbeitet. Im Interesse der Sicherung und Realisierung einer hohen Effektivität dürfen die Zeitkategorien nicht einzeln, isoliert und an sich betrachtet, sondern müssen in ihrem Verband bewertet werden. So stehen z. B. Zeitaufwand und Zeitpunkt in korrelativer Beziehung zur Produktion und Effektivität.

Die sich aus der bewußten Einflußnahme auf die Entwicklung der materiell-technischen Basis ergebenden arbeitswissenschaftlichen Probleme und Erfordernisse sind keinesfalls nur eine Frage der Methodik, sondern vor allem des wissenschaftlichen Vorlaufs, des Erkenntnisgewinns über neue und veränderte Wirkungsbedingungen. Dabei zeigt sich, daß die Arbeitswissenschaften nicht allein in der Lage sind, praktikable Lösungen zu erarbeiten. Unerläßlich ist die immer engere Verbindung mit der Technik und Technologie, notwendig wird ein höheres Niveau der richtigen Transformation von der Technik zur Ökonomie. Das ruft auch bestimmte Fragen der Ausbildung der Kader sowie Konsequenzen der Kooperation und Zusammenarbeit hervor.

2. Der Inhalt des Begriffs rationelle Nutzung des Arbeitsvermögens muß in Verbindung mit der materiell-technischen Basis und der ökonomischen Strategie aus einer gewissen Enge herausgeführt und erweitert betrachtet werden. Dabei ergeben sich folgende Gesichtspunkte:

– Die rationelle Nutzung des Arbeitsvermögens und ihre Maßnahmen beziehen sich m. E. noch zu einseitig auf solche Faktoren wie Senkung des Krankenstandes, der Fehlzeiten, der Stillstands- und Wartezeiten, der Fluktuation, des nicht qualifikationsgerechten Einsatzes. Obwohl die Erschließung der bisher bekannten Arbeitskräftereserven eine wichtige Aufgabe ist und bleibt – weil sie eine Schmälerung der vorhandenen nutzbaren Leistungspotenz, eine quantitative Einengung der Leistungsbasis darstellen –, dürfen wir die rationelle Nutzung des Arbeitsvermögens nicht nur auf diese Faktoren begrenzen. Die Aufgabenstellung zur rationellen Nutzung des Arbeitsvermögens ist prinzipieller und umfassender. Sie stellt sich nicht nur quantitativ, sondern vor allem qualitativ dar. Daher sind solche Faktoren in ihrer Wirkung zu erhöhen und stärker zu nutzen, die die Vorzüge entfalten. Dazu zählen unter anderem solche Aufgaben wie

– weitere Entwicklung und Nutzung des Vergesellschaftungsprozesses, einschließlich der stärkeren Beachtung und Wertung der möglichen Effekte durch Konzentration, Kombination und Arbeitsteilung;

– Effektivitätsgewinn durch Nutzung der Optimierung und Proportionierung sowie der Ensemblewirkung der Wachstumsfaktoren;

– Sicherung der Herausbildung produktivitätswirksamer Arbeitsmethoden, progressiver Arbeitsinhalte sowie eines hohen Niveaus der Organisation der Arbeit bei der Anwendung neuer Technologien und Verfahren;

– komplexe und prozeßbezogene Gestaltung von Arbeitsbedingungen mit dem Ziel, eine hohe Produktivität der Arbeit zu sichern und die Anwendung und Umsetzung schöpferischer Potenzen der Werktätigen zu ermöglichen, einschließlich der Anwendung und auch Neuentwicklung adäquater sozialer Maßnahmen (das betrifft z. B. die Rationalisierung von Arbeitsprozessen mit überwiegend manueller Arbeit, einfachen Bedienprozessen, Hilfsprozessen, der Produktionsvorbereitung und Leitungs- und Verwaltungstätigkeit);

– Erforschung und bessere Nutzung der Qualität und Eigenheiten des territorialen Arbeitsvermögens, insbesondere die vielseitigen wechselseitigen Beziehungen und Wirkungen zwischen betrieblichen und territorialen Arbeitsvermögen;

– weitere Förderung und Qualifizierung des sozialistischen Wettbewerbs als eine entscheidende Methode der gesellschaftlichen Organisation der Arbeit und der Entwicklung der Arbeitsproduktivität sowie des Neuerer- und Erfinderwesens, ihre zielgerichtete Gestaltung und ständige bewußte Ausrichtung auf die Schwerpunkte, die Förderung des Neuen und auf ein hohes Leistungswachstum;

– wirksamere Einflußnahme auf die Entwicklung der Leistungsfähigkeit und der Leistungsbereitschaft, des Leistungsverhaltens durch komplexe interdisziplinäre Maßnahmen (der Physiologie, Psychologie, Soziologie, Ökonomie, des Arbeitsrechts u. a.), einschließlich der Motivierung und Stimulierung der vollen Anwendung des vorhandenen Arbeitsvermögens und der Erzielung hoher Leistungen.

– Die rationelle Nutzung des Arbeitsvermögens darf nicht allein als ein Erfordernis, das sich aus der Begrenztheit der Ressource begründet, betrachtet werden, sondern darüber hinaus als objektiver Bestandteil des einheitlichen Reproduktionsprozesses.

Die Nutzungsfrage des Arbeitsvermögens sollte in ihrer ökonomischen und gesellschaftlichen Rolle und Wirksamkeit einen noch höheren Stellenwert in der wirtschaftswissenschaftlichen Forschung erhalten. Dahinter stehen ja Fragen der potentiellen und der realen erweiterten Reproduktion und Akkumulation. Die Nutzung dieser Ressource ist keine zusätzliche Aufgabe ökonomischer Tätigkeit, sondern einer ihrer Grundbestandteile. In Verbindung mit wichtigen, sich in der Volkswirtschaft und in der Produktion sowie in der Arbeit vollziehenden Wandlungsprozessen, den bedeutenden Innovationsvorgängen und Substitutionsprozessen der lebendigen Arbeit durch vergegenständlichte Arbeit, die auf dem weiteren Voranschreiten des Vergesellschaftungsprozesses beruhen, mit dem Einsatz hochmoderner Informations- und Produktionssysteme, der Anwendung neuer Technologien und Verfahren verbunden sind und sich in völlig neuen Arbeitsweisen und veränderten Arbeitsstrukturen äußern, ergeben sich auch neue Möglichkeiten des Wirksamwerdens der lebendigen Arbeit, der Erhöhung ihrer Ökonomie. Auf dieser Basis entstehen immer wieder qualitativ neue Reserven des Arbeitsvermögens.

Aus ihnen müssen vordergründig der notwendige und von der sozialistischen Gesellschaft erwartete Leistungszuwachs sowie neue Impulse zur weiteren Erhöhung der Ökonomie der lebendigen Arbeit geschöpft und gewonnen werden. Diese Dynamik der Entstehung und Nutzung von Reserven des Arbeitsvermögens als objektiv sich vollziehender und für die gesellschaftliche Entwicklung sowie die Sicherung eines hohen Wachstumstempos so eminent wichtiger Prozeß findet in den Lehrbüchern noch nicht den ihm zukommenden Platz. Noch werden die Aufgaben der Reservenutzung allzuoft als eine auf den Ausgleich von Mängeln gerichtete Tätigkeit betrachtet. Die bewußte, planmäßige Arbeit mit den Reserven und ihrer Dynamik ist aber ein permanenter Bestandteil sozialistischer Ökonomik. Sie ist ein Ausdruck der Dialektik, der Entwicklung und Wechselwirkung von Ökonomie – Wissenschaft – Technik.

3. Mit dem weiteren Ausbau der materiell-technischen Basis und dem Wirksamwer-

den des Arbeitsvermögens ergeben sich Erfordernisse der stärkeren Prozeßbetrachtung und auch Veränderungen in den Bewertungs- und Leistungskriterien.

Der wissenschaftlich-technische Fortschritt führt beim Ausbau der materiell-technischen Basis zu neuen und auch zu größeren Prozeßabschnitten. Diese neu geschaffenen Bedingungen werfen auch neue Fragen der Arbeits- und Produktionsorganisation auf. Die Vorzüge der Veränderung werden z. T. erst mit der neuen Arbeitsorganisation voll wirksam.

Dabei zeigt sich auch hinsichtlich der Erfassung und der Widerspiegelung, der Effektivität, wie notwendig eine erweiterte Prozeßbetrachtung wird, weil verschiedentlich die Auswirkungen der Effektivität nicht unmittelbar, sondern in anderen und zeitlich verlagerten Prozeßabschnitten ihren Ausdruck finden. Das verstärkt nur die Forderung nach größerer Beachtung des Gesamtaufwandes.

Uns bewegen auch andere Fragen der ökonomischen Strategie, die unmittelbar mit der lebendigen Arbeit verbunden sind, z. B. die Veränderungen hinsichtlich der Energieträger. Was bedeutet das für uns Arbeitswissenschaftler, wenn heute in stärkerem Maße Rohbraunkohle eingesetzt wird?

Wir haben es mit vielen Bedingungen, Auswirkungen und Folgen zu tun. Mit dem Einsatz von mehr Kohle wird mehr Stoff eingesetzt, Rohbraunkohle bringt mehr Asche. Es erhöhen sich Volumen und Gewicht, die von den Arbeitern bewegt und bewältigt sein wollen. Wir müssen daher technische und organisatorische Lösungen finden, die dem entgegenwirken oder es im Ausmaß mindern.

Es entstehen aber darüber hinaus auch ständig neue Expositionen, die wir bisher nicht oder noch nicht genügend kannten. Bei vielen Tätigkeiten besteht durchaus die Möglichkeit, eine Leistungssteigerung technisch zu bewirken und die Arbeit weiter zu intensivieren. Jedoch die körperliche Leistungsfähigkeit (Anzahl, Verrichtungen, Geschwindigkeit und Masse des bewegten Gewichtes) ist begrenzt (z. B. Schmelzer, Näh- und Fügeprozesse); technisch-technologische Lösungen müssen einen Abbau der Belastung bewirken.

Auch hinsichtlich der Leistungsbewertung und Stimulierung ist eine erweiterte und neue Betrachtungsweise unerläßlich. Leistungskennziffern, die allein die Zeit und Menge widerspiegeln und sich lediglich in Stück ausdrücken, reichen nicht mehr aus. Ich möchte nur auf folgende Konsequenzen hinweisen:

– Bei der Stimulierung der Arbeitsleistung müssen auch Leistungen hinsichtlich Material- und Energieersparnis unbedingt konkrete Beachtung finden. Sie sind gegenwärtig im allgemeinen noch ungenügend in den Formen der Entlohnung und Prämiierung enthalten. Es geht schließlich darum, daß die mit der ökonomischen Strategie angestrebten und erwarteten Effekte wie Materialersparnis, Energieeinsatz, einmaliger und laufender Aufwand, die Veredlung und höhere Qualität der Erzeugnisse auch in der Leistungsbewertung und -anerkennung bei unseren Werktätigen spürbar einbezogen werden. Denn auch sie sind eine Form und ein Ausdruck der Arbeitsleistung.

– Logischerweise sind auch die Kriterien der rationellen Nutzung des Arbeitsvermögens zu erweitern und den höheren Anforderungen anzupassen. Kriterien dafür, wann eine Arbeitskraft rationell genutzt oder das betriebliche Arbeitsvermögen rationell eingesetzt ist, können und dürfen nicht mehr allein an Ausdrucks- und Erscheinungsformen der Arbeitskraft selbst gemessen und widergespiegelt werden, wie das bisher der Fall war (also nur an der Zeitnutzung der Arbeitskraft, der Pünktlichkeit der Arbeitskraft, des qualifikationsgerechten Einsatzes der Arbeitskraft usw.), sondern müssen sich auch ausdrücken im Niveau dessen, was die Arbeitskraft an Fondsnutzung, Energieverbrauch und Faktoren bewirkt.

– Die Notwendigkeit und Bedeutung der fondssparenden Arbeit sollten uns Anlaß sein, die immer bessere technische Ausstattung, das wachsende Niveau der Arbeitsplätze künftig mit weiteren Ausdrucksformen als nur dem steigenden Wert- und Preisausdruck (evtl. Naturalkennziffern des technischen Niveaus und der Leistung) nachzuweisen. Meines Erachtens muß sich künftig nicht unbedingt der Wert- und Preisausdruck der Ausstattung der Arbeitsplätze proportional zur spürbaren Erhöhung der Verantwortung des Arbeiters und des steigenden technischen Niveaus seines Arbeitsplatzes verhalten und entwickeln.

4. Ein zentraler arbeitswissenschaftlicher Aufgabenkomplex beim Wirksamwerden der materiell-technischen Basis durch lebendige Arbeit besteht zweifellos in der höheren Ergiebigkeit und Nutzung unseres großen, sich ständig erweiternden Bildungs- und Qualifikationspotentials.

Wie schon beim Erfahrungsaustausch in Leipzig herausgearbeitet, erschließen wir mit den Fähigkeiten unserer Menschen eine unserer großen Leistungsreserven. Wir haben nachweisbar ein großes Bildungspotential entwickelt, das eine Spitzenstellung in der Welt einnimmt. Heute geht es mehr denn je darum, in Verbindung mit den fondssparenden Erfordernissen und dem notwendigen Leistungszuwachs einen höchstmöglichen Entwicklungsbeitrag aus unserem Bildungs- und Qualifikationspotential zu gewinnen und zu sichern. Offensichtlich zeigen sich zwischen der potentiellen Qualifikation und der effektiven, genutzten Qualifikation begründbare Abweichungen. In diesem Zusammenhang wird auch vom Vorlauf des Bildungspotentials gesprochen. Der Bildungsvorlauf gerät mit der materiell-technischen Basis und seinem Wirksamwerden in einen ständigen Widerspruch. Diesen Widerspruch auf einer bestimmten Stufe immer wieder zu lösen, das ist und muß ein zentrales Anliegen sein.

Abweichungen zwischen der Bildungspotenz und ihrem Niederschlag und ihrer Realisierung können beeinflußt werden durch

– Niveau und Inhalt der Bildung selbst (Praktikabilität des vermittelten Wissens, Langlebigkeit usw.),
– Mängel und Störungen im Anwendungs- und Umsetzungsprozeß der Arbeit (materiell-technische Bedingungen, Arbeitsbedingungen),
– das Subjekt selbst (wie ungenügende Motivation, Bewußtsein, Leistungswille etc.).

Wesentliche Erscheinungen der ungenügenden Nutzung des Bildungspotentials bestehen vor allem

– im nicht qualifikationsgerechten Einsatz, es tritt Unter- oder Überqualifikation auf;
– im nicht berufsgerechten Einsatz;
– in der ungenügenden qualitativen Nutzung des Arbeitsvermögens in Bereichen der Produktionsvorbereitung, in Leitung und Verwaltung;
– in der ungenügenden Nutzungsmöglichkeit der vorhandenen Qualifikation.

Uns beschäftigen z. B. die manuellen Arbeitsprozesse, wo hohe Anteile lebendiger Arbeit auftreten, aber bei der Arbeit Eintönigkeit und Monotonie herrschen und die zweifellos vorhandene Qualifikation nicht nutzbar ist. Das betrifft etwa 200 000 Näh- und Montagearbeitsplätze. Wir konnten bisher dafür Teillösungen entwickeln, Typarbeitsplätze schaffen, aber keine generelle Ablösung dieser Arbeiten bewirken. Aus diesem Grunde müssen wir auch die Anstrengungen verstärken, bewußt technische Veränderungen auf bestimmten Arbeitsfeldern und für bestimmte Arbeitsplätze zu entwickeln. Diese bewußte Substitution durch Einsatz moderner technischer Mittel, einschließlich Robotertechnik, muß dort erfolgen, wo es aus Effektivitätsgründen und Ablösegründen bestimmter Arbeiten einfach notwendig wird und nicht nur, wo es möglich ist. Es geht uns also auch um bewußte technische Entwicklung.

Mit dem wachsenden technischen Niveau, der veränderten Ausstattung der Arbeitsplätze vollzieht sich ein vielschichtiger Prozeß der Veränderung der Aufwandsstruktur. Diese sich verändernde Aufwandsstruktur (lebendige Arbeit) führt zwangsläufig zu einer gewissen Zunahme der Dynamik und Mobilität des Arbeitsvermögens. Im gewissen Sinne wird die Sicherung der erforderlichen Dynamik und Flexibilität des Arbeitsvermögens bei sich aus dem wissenschaftlich-technischen Fortschritt ergebenden notwendigen Umstellungen zu einem Produktivitätsfaktor.

Aus diesen Erfordernissen heraus leiten sich eine Reihe von Aufgaben für die Arbeitswissenschaft ab. Es geht um das Beherrschen des dialektischen Verhältnisses zwischen der Notwendigkeit der Schaffung von Stammbelegschaften einerseits und der Sicherung der sich aus dem wissenschaftlich-technischen Fortschritt ergebenden notwendigen Flexibilität des Arbeitsvermögens andererseits. Beide Seiten sind im Interesse der volkswirtschaftlichen Effektivität erforderlich. Konkrete Aufgaben leiten sich daraus insbesondere für das richtige Verständnis dieser Erfordernisse beim Berufsnachwuchs, für die Leitung und Organisation der Berufslenkung und des Berufseinsatzes ab.

In den vergangenen Jahren konnten die Arbeitswissenschaftler durch die Gestaltung von Arbeitsplätzen und Teillösungen vielseitige Erfolge erzielen; viele Plätze wurden verändert bis hin zu neuen Formen der Entlohnung. Die neuen und höheren Anforderungen der ökonomischen Strategie für die Arbeitswissenschaften liegen aber immer mehr in der Beherrschung und effektiven Gestaltung einheitlicher Prozesse, in der Erfassung des Reproduktionsprozesses in allen seinen Phasen und Abschnitten.

G. Knobloch

Konsumtionsmittel und materiell-technische Basis

Mehr als Dreiviertel des volkswirtschaftlichen Endprodukts der DDR sind ihrer ökonomischen Verwendung nach Konsumtionsmittel (die Investitionen der nichtproduzierenden Bereiche sind darin einbezogen). In etwa gleich großen Proportionen wäre auch die Materialproduktion in solche für Konsumtionsmittel und für Arbeitsmittel aufzugliedern, und etwa ein Viertel aller produzierten Arbeitsmittel sind für die unmittelbaren materiell-technischen Produktionsgrundlagen der Konsumtionsmittelherstellung bestimmt.[1]

Schon diese sehr allgemeinen Größenverhältnisse weisen auf die Relevanz hin, die die Konsumtionsmittel für Proportionen und Strukturen des gesellschaftlichen Gesamtprodukts und damit auch für die Gestaltung der materiell-technischen Basis haben. Natürlich richten sich ökonomische Fragen der materiell-technischen Basis in erster Linie auf den effektiven Einsatz und die Ausnutzung der Arbeitsmittel. Doch schon, wenn es dabei um optimale Kapazitäten, wirtschaftliche Seriengrößen, rationelle Teilfertigung und dergleichen geht, dann üben die Konsumtionsmittel mit ihrem Massenbedarf sowohl in qualitativer als auch in quantitativer Hinsicht einen sehr maßgeblichen, oft sogar ausschlaggebenden Einfluß aus. Das betrifft vor allem die kapazitiven Proportionen der gesamten materiell-technischen Basis, aber auch die konkreten Formen der anzuwendenden Technik.

Ausreichende Antworten auf die Fragen, wie die Probleme der Konsumtionsmittel in die Gesamtproblematik der materiell-technischen Basis einzuordnen sind und auf welche Einflüsse der Konsumtionsmittel es besonders ankommt, hängen sehr stark von einem richtigen, dem Anliegen gerecht werdenden ökonomischen Modellverständnis ab. Den realen, wesentlichen Sachverhalten am nächsten kommt offensichtlich das Modell der materiell-technischen Basis als eines weitverzweigten Organismus von *Produktionsstufen,* die bei der primären Rohstoff- und Energiegewinnung beginnen und über mehr oder weniger viele Zwischenstufen bis hin zu den Endstufen reichen, in denen die Konsumtionsmittel und die Arbeitsmittel fertiggestellt und den Verbrauchern bzw. Anwendern zugeführt werden. Zwischen diesen Endstufen und all ihren Vorstufen, die arbeitsteilig an der Produktion der Arbeitsgegenstände, Energie, Hilfsstoffe u. a. materieller Leistungen für das Endprodukt an Konsumtions- und Arbeitsmitteln mitwirken, bestehen untrennbare, materiell-technische Bindungen. Diese Stufenprozesse im System der gesellschaftlichen Arbeitsteilung gehören zweifellos zu den wesentlichsten Zusammenhängen der materiell-technischen Basis. Der überwiegende Teil dieser Stufenprozesse wird, wie schon die einleitend genannten Proportionen zeigen, von der Produk-

1 Für diese Einschätzung wurden Proportionen des produzierten Gesamtprodukts der DDR in den letzten Jahren zu Grunde gelegt. Berücksichtigt man dazu noch den Außenhandelsaustausch und betrachtet das im Inland verwendete Gesamtprodukt, so ergeben sich noch höhere Anteile für die Konsumtionsmittel, weil relativ mehr Arbeitsmittel exportiert werden.

tion der Konsumtionsmittel beherrscht. Hiernach ergibt sich eine ganz andere volkswirtschaftliche Gewichtung der Konsumtionsmittelproduktion als bei den Modellen der Abt. I und II oder der Gruppen A und B (der Industrie), die nicht von stufenmäßigen, sondern von erzeugnis- oder zweigmäßigen Zusammenfassungen ausgehen und die zum theoretischen Verständnis der Zusammenhänge der Konsumtionsmittelproduktion mit der materiell-technischen Basis jetzt offenbar nicht mehr ausreichen.

Die Überwindung der teilweise anzutreffenden isolierten Betrachtungsweise der Konsumtionsmittelproduktion und ihre volle Integrierung in den beschleunigten wissenschaftlich-technischen Fortschritt dürfte m. E. mit zu den theoretischen und praktischen Problemen der Wirtschaftswissenschaft gehören, die von uns im Hinblick auf die weitere Stärkung der materiell-technischen Basis und einem hohen volkswirtschaftlichen Leistungsanstieg mit zu lösen sind.

Ein wichtiger strukturbestimmender Prozeß für die weitere Gestaltung der materiell-technischen Basis, der sich in den 80er Jahren verstärkt fortsetzen wird, ist die zunehmende Verlagerung des Zuwachses der Konsumtionsmittelproduktion von den Bereichen der Leicht- und Lebensmittelindustrie auf die der Schwerindustrie. Eine wesentliche Beschleunigung hat dieser für ein wachsendes Konsumtionsniveau der Bevölkerung charakteristische Prozeß in der DDR bereits während der 70er Jahre erfahren. Das zeigen, obgleich sehr bedingt, die Veränderungen der Zuwachsraten und der Strukturanteile von Warengruppen des Einzelhandelsumsatzes in Tabelle 1.

Tabelle 1

Strukturwandel des Einzelhandelsumsatzes in der DDR von 1965–1979

Warengruppe	Durchschnittliche jährliche Zuwachsraten in Prozent		Strukturanteile in Prozent		
	1965–1970	1970–1979	1965	1970	1979
Nahrungsmittel	3,9	3,0	38,8	37,5	32,9
Genußmittel	5,3	4,3	17,7	18,3	17,9
(Nahrungs- und Genußmittel)	(4,4)	(3,5)	(56,5)	(55,8)	(50,8)
Textilien, Bekleidung, Wäsche, Schuhe	4,1	4,4	17,0	16,4	16,2
Möbel, Musik-, Spiel-, Sport-, Papierwaren	5,7	5,9	6,7	7,1	8,0
(hauptsächlich leichtindustrielle Erzeugnisse)	(4,5)	(4,8)	(23,7)	(23,5)	(24,2)
Haushalts- und Wirtschaftswaren	4,0	6,4	4,5	4,4	5,1
Elektroakustik, Foto-Kino-Optik, Schmuck	5,4	7,0	7,0	7,3	8,9
Artikel für Körper- und Gesundheitspflege, chemische Erzeugnisse	6,2	5,6	4,4	4,8	5,2
Baustoffe, Nutzholz, Brennstoffe	6,5	8,5	3,8	4,2	5,8
(hauptsächlich schwerindustrielle Erzeugnisse)	(5,5)	(6,9)	(19,8)	(20,7)	(25,0)
Einzelhandelsumsatz insgesamt	4,6	4,6	100	100	100

Quelle: Statistisches Jahrbuch der DDR 1980, Berlin 1980, S. 223.

Besonders bemerkenswert ist, daß die Strukturanteile der vier letzten Warengruppen, die hauptsächlich Erzeugnisse aus schwerindustriellen Bereichen umfassen, 1979 bereits die Größe der Strukturanteile der beiden Warengruppen von leichtindustriellen Erzeugnissen übertreffen, während sie 1965 und auch noch 1970 deutlich darunter lagen.

Von diesem grundlegenden Strukturwandel geht auch der achte, auf die Konsumgüterproduktion gerichtete Schwerpunkt der Wirtschaftsstrategie des X. Parteitages aus.

Ausdrücklich wird darin die Verantwortung der vorwiegend produktionsmittelproduzierenden Kombinate und Betriebe betont, nicht nur für leistungsfähige Ausrüstungen und Zulieferungen an die Konsumgüterproduzenten zu sorgen, sondern auch selbst die Palette hochwertiger technischer Konsumgüter zu erweitern.[2]

In dieser Hinsicht kommt es jetzt vor allem darauf an, die zunehmende Anwendungsvielfalt und Breitenwirksamkeit der neuen Richtungen des wissenschaftlich-technischen Fortschritts in viel stärkerem Maße als bisher zu gemeinsamen Lösungen für das weitere Wachstum der Produktionsmittel- und Konsumtionsmittelproduktion einzusetzen. Auf vielen Gebieten begünstigt heute der sich weiter vergrößernde Massenbedarf an technischen Konsumgütern die Anwendung hochproduktiver Technologien der Massenproduktion, die zu einem beträchtlichen Teil auch für die Rationalisierung der Produktion von Arbeitsmitteln ausnutzbar sind. Hier lassen sich sicherlich noch erhebliche Reserven für eine wirksame Stärkung der materiell-technischen Basis erschließen; besonders dann, wenn dies mit der weiteren Spezialisierung und Konzentration der Produktion im Rahmen der sozialistischen Wirtschaftsintegration verbunden werden kann.

Eine Schlüsselfunktion haben dabei die Forschungs- und Entwicklungspotentiale der Abteilung I, d. h. der vorwiegend produktionsmittelproduzierenden Industriezweige und Kombinate. Von ihnen werden künftig die größten Impulse für den wissenschaftlich-technischen Fortschritt bei den Konsumtionsmitteln erwartet. Das bezieht sich auf neue und verbesserte Konsumgüter, auf technisch modern ausgestattete konsumtionswirksame Dienste, auf effektivere Werkstoffe, Bauteile und andere Zwischenprodukte ebenso wie auf leistungsfähigere Anlagen und Ausrüstungen für die Produktion der Konsumtionsmittel. Weitgehend aufeinander abgestimmte Maßnahmen der Standardisierung und Unifizierung des außerordentlich umfangreichen Werkstoff- und Teilesortiments sowie die verstärkte Entwicklung von Baukastensystemen mit vielseitigen Kombinationsfähigkeiten und viele andere vereint auf die Vorbereitung und Durchführung der Produktion von Produktions- und Konsumtionsmitteln gerichtete Rationalisierungsmaßnahmen ermöglichen noch erhebliche Fortschritte in der Intensivierung und Effektivitätssteigerung der Produktion. Der Massenbedarf an Konsumgütern schafft immer noch relativ stabile Grundlagen dafür, mit höheren Stückzahlen, Losgrößen oder Serien eine wesentlich produktivere Massenfertigung des großen Teilesortiments für die Produktions- und Konsumtionsmittelproduktion zusammengenommen zu verwirklichen. Eine höhere Flexibilität der konstruktiven Gestaltung sowohl bei den Erzeugnissen als auch bei der angewandten Produktionstechnik, die heute vor allem durch Anwendung der Mikroelektronik leichter zu realisieren ist, erweitert dieses bedeutende Feld für eine sozialistische Rationalisierung der Produktion noch.

In den hier umrissenen Prozessen äußert sich m. E. ein neues Merkmal des Strukturwandels, das sich mit den höheren Entwicklungsstufen des wissenschaftlich-technischen Fortschritts jetzt auf Betriebs- und Kombinatsebene und noch mehr auf den höheren Leitungs- und Planungsebenen deutlicher abzuzeichnen beginnt – die immer engere Verflechtung, teilweise sogar eine gewisse Verschmelzung der Produktion von Produktionsmitteln mit der von Konsumtionsmitteln. Damit werden auch eine Reihe von Fragen für die wirtschaftswissenschaftliche Forschung aufgeworfen. Sie richten sich insbesondere auf die komplexe, zielstrebige Beherrschung dieser Prozesse in der Leitung, Planung, ökonomischen Stimulierung usw., aber auch auf weiterführende Untersuchun-

2 Vgl. Bericht des Zentralkomitees der Sozialistischen Einheitspartei Deutschlands an den X. Parteitag der SED, Berichterstatter: Genosse Erich Honecker, Berlin 1981, S. 58–59.

gen der reproduktionstheoretischen Zusammenhänge, auf Fragen der Weiterentwicklung der Arbeitsteilung und Vergesellschaftung u. a. m.

Untrennbar mit den Problemen der Stufenprozesse und der gesellschaftlich rationelleren Gestaltung der Produktionsgrundlagen für die Erzeugung der Produktions- und Konsumtionsmittel in allen Stufen der materiell-technischen Basis ist die wesentlich effektivere Nutzung der volkswirtschaftlichen Rohstoff- und Energieressourcen verbunden. Ein entscheidender Beitrag zur Lösung dieses erstrangigen wirtschaftsstrategischen Problems der DDR in den 80er Jahren muß ebenfalls von der Konsumtionsmittelproduktion – schon wegen ihrer volkswirtschaftlichen Größenordnungen – erbracht werden. Nur wenn es gelingt, die einfache und erweiterte Reproduktion des gesamten Sortiments an Konsumtionsmitteln mit einem geringeren Einsatz an Rohstoffen und Energie durchzuführen, wird die notwendige Entlastung für die Rohstoff- und Energiebasis der DDR tatsächlich zu erreichen sein. Das bezieht sich sowohl auf die gesamten Produktionsprozesse (einschließlich der zum Einsatz kommenden Produktionsfonds) als auch auf die Anwendung der Konsumgüter in der Konsumtionssphäre.

Einen wesentlichen Faktor bilden dabei die höheren Veredlungsgrade der Rohstoffe. Zu ihrer vollen volkswirtschaftlichen Wirksamkeit werden diese aber erst dann gelangen, wenn sie sich in den produzierten Konsumtionsmitteln ebenso wie in den anderen Elementen des volkswirtschaftlichen Endprodukts, den Arbeitsmitteln, vergegenständlichen.[3] Es sind aber nicht allein die hohen Anteile der Konsumtionsmittelproduktion an den Rohstoffressourcen, die die Notwendigkeit höherer Stoffveredlungsgrade bei den Konsumtionsmitteln so in den Vordergrund rücken; es spielen dabei auch die objektiv beträchtlich geringeren Möglichkeiten der Rückgewinnung sekundärer Rohstoffe aus der Konsumtionssphäre eine ausschlaggebende Rolle.[4]

Wesentliche Fortschritte in den Stoffveredlungsgraden der Enderzeugnisse können auch bei den Konsumtionsmitteln nur durch vereinte Anstrengungen aller an ihrer arbeitsteiligen Produktion mitwirkenden Vorstufen zustande kommen, und sie müssen bereits in den Forschungs- und Entwicklungsstadien der Produktionsvorbereitung einsetzen. Neue konstruktive Lösungen, insbesondere mit standardisierten Teilen, Leichtbauweise, Anwendung der Mikroelektronik, Miniaturisierung der Baugruppen und Erzeugnisse, moderne Werkstoffe nach Maß, neue Stofftechnologien und anderes mehr tragen dazu bei. Eine zielgerichtete Organisation der Maßnahmen, die Zweig- und Ressortschranken überwindet, ist ebenfalls nicht zu unterschätzen. Maßgebende Kriterien für höhere Stoffveredlungsgrade der Konsumgüter bilden verbesserte Masse-Leistungs-Verhältnisse bzw. Stoff-Gebrauchswert-Relationen im gesamten Sortiment der Konsumgüter.

3 Werden höhere Rohstoffveredlungsgrade in den Zwischenstufen (beispielsweise in der II. metallurgischen Verarbeitungsstufe) realisiert, so ist noch nicht sicher, ob sich diese rohstoffökonomischen Effekte auch auf die Enderzeugnisse übertragen und tatsächlich eine Rohstoffeinsparung im volkswirtschaftlichen Ausmaß erfolgt. Es können durchaus höherveredelte Zwischenerzeugnisse in stark rohstoffintensive Enderzeugnisse eingehen und so überhaupt keine volkswirtschaftlichen Effekte bringen. Anders zu beurteilen ist allerdings der Export von höherveredelten Zwischenerzeugnissen, da diese Exportgüter zum volkswirtschaftlichen Endprodukt gehören.

4 Demgegenüber funktioniert die sekundäre Rohstoffgewinnung aus veralteten, auszusondernden Arbeitsmitteln schon lange recht effektiv. Mit zunehmendem moralischem Verschleiß und beschleunigtem effektiverem Ersatz von Arbeitsmitteln infolge des wissenschaftlich-technischen Fortschritts entwickelt hier die materiell-technische Basis teilweise sogar selbst ihre sekundäre Rohstoffbasis.

Keine allzu großen Erwartungen sollten m. E. in strukturelle Effekte gesetzt werden, die im Durchschnitt der Volkswirtschaft gewissermaßen automatisch zu höheren Stoffveredlungsgraden der Konsumtionsmittel insgesamt führen, indem der Bedarf an weniger rohstoffintensiven Erzeugnissen schneller als der anderer wächst. Analysen und Prognosen weisen auf sehr unterschiedliche Bedarfstendenzen hin. Um so mehr Veranlassung besteht, sich auf die Verbesserungen der Stoff-Gebrauchswert-Relationen vor allem bei den Produktionslinien volkswirtschaftlich bedeutender Massenbedarfsgüter, die besonders hohe Rohstoffanteile beanspruchen, zu orientieren.

Besonders effektive Lösungen, die höheren Stoffveredlungsgraden der Konsumgüter gleichzusetzen sind, verspricht die verstärkte Entwicklung gesellschaftlich rationellerer Konsumtionsformen, die sehr rohstoffverschwenderische Formen der Bedürfnisbefriedigung überwinden helfen. Das betrifft vor allem ein besseres Angebot attraktiver gesellschaftlicher Dienstleistungen, die auf Gebieten des Transports, der Erholung, der Hausarbeit, der Speisewirtschaft u. a. den Bedarf an individuellen Konsumgütern einschränken könnten und so bei gleichem oder höherem Nutzeffekt in der Bedürfnisbefriedigung die volkswirtschaftlichen Rohstoff- und Energieressourcen erheblich weniger beanspruchen.

Werden durch höhere Stoffveredlungsgrade oder ihr gleichkommende Prozesse dauerhafte Lösungen einer rationellen Rohstoffnutzung in größerem Ausmaße verwirklicht, dann ist das nicht nur für die Rohstoffeinsparung an sich von Bedeutung, sondern vielmehr noch für die effektive Gestaltung grundlegender Proportionen der materiell-technischen Basis. Es handelt sich einerseits um die Verringerung der Anforderungen an die Entwicklung der sehr grundfondsintensiven Roh-, Brenn- und Grundstoffproduktion der Industrie und jetzt auch der Landwirtschaft sowie andererseits um die Entlastung der Exportproduktion von ihrer Bindung an den Rohstoffimport. In dem Maße wie beide Faktoren durch eine höhere Rohstoffveredlung volkswirtschaftlich wirksam werden, lassen sich nicht nur größere Reproduktionsaufwendungen für die Rohstoff- und Energiebasis kompensieren, es bieten sich auch größere Möglichkeiten für die Entwicklung der höheren Verarbeitungsstufen, des Forschungspotentials, der Infrastruktur u. a. Bereiche, die zu einem wesentlichen Teil die Rohstoffveredlung selbst wieder unterstützen. So werden mit den höheren Stoffveredlungsgraden insbesondere bei den Konsumtionsmitteln wechselseitig wirkende Prozesse der Effektivitätssteigerung in Gang gesetzt, die in der Perspektive die materiell-technische Basis beträchtlich stärken können.

In diesem Beitrag konnten aus den vielfältigen Wechselbeziehungen zwischen den Konsumtionsmitteln und der materiell-technischen Basis nur einige wesentliche Zusammenhänge hervorgehoben werden, die eine besonders aktuelle Bedeutung für die effektive Gestaltung der inneren Strukturen der materiell-technischen Basis haben. Auf zwei weitere, immer bedeutsamer werdende Prozesse der Konsumtionsmittel, die sich allerdings mehr an der Peripherie der materiell-technischen Basis abspielen, sei hier zumindest noch hingewiesen:

Einerseits sind es die sehr differenzierten Prozesse einer immer enger werdenden Wechselbeziehung zwischen der weiteren Gestaltung der materiell-technischen Basis und dem Ausbau der nichtproduzierenden Bereiche. Andererseits ist es die zunehmende Akkumulation langlebiger, insbesondere technischer Konsumgüter im Besitz der Bevölkerung, die in gewisser Hinsicht eine zunehmend gewichtigere Ergänzung der materiell-technischen Basis bildet und deren Reproduktion in bezug auf effektiven Ersatz und Erweiterung, Instandhaltung sowie Funktionsbedarf an Energie und Hilfsstoffen ständig größere spezifische Anforderungen an die materiell-technische Basis stellt.

Mit diesen Hinweisen sollte nur noch unterstrichen werden, wie breit und vielschichtig die Wirkungen der Konsumtionsmittel sind, die für Überlegungen zur weiteren Stärkung der materiell-technischen Basis bei der Durchführung des wirtschaftsstrategischen Programms der 80er Jahre eine maßgebende Rolle spielen und deshalb auch in der wirtschaftswissenschaftlichen Forschung noch mehr Beachtung finden müssen.

F. Pleschak

Zu einigen Fragen der qualitativen Vervollkommnung der materiell-technischen Basis durch Automatisierung

Einen neuen Schritt bei der Verbindung der Vorzüge des Sozialismus mit den Errungenschaften der wissenschaftlich-technischen Revolution zu gehen, erfordert an erster Stelle, Wissenschaft und Technik für die Erhöhung der Effektivität voll wirksam zu machen. Wissenschaft und Technik müssen auf dem Wege der Intensivierung zur qualitativen Vervollkommnung der materiell-technischen Basis führen und dem Kriterium der Effektivität – der Befriedigung der objektiven Bedürfnisse der Gesellschaft mit geringstem gesellschaftlichen Aufwand – entsprechen.

Im Prozeß der besseren Nutzung, der Entwicklung und qualitativen Vervollkommnung der materiell-technischen Basis nimmt in den 80er Jahren die sozialistische Rationalisierung einen zentralen Platz ein. Sie steht, wie auf dem X. Parteitag der SED betont wurde, „in diesem Jahrzehnt in immer engerem Zusammenhang zur Automatisierung“[1]. Die gestiegene Wirtschaftskraft unserer Volkswirtschaft, die sich mit der Entwicklung der Mikroelektronik ergebenden neuen technischen und ökonomischen Möglichkeiten der Automatisierung für die Arbeitskräftefreisetzung, Energie- und Materialeinsparung sowie Qualitätsverbesserung der Erzeugnisse voll auszunutzen, das alles führt zur Erhöhung des Automatisierungsniveaus in den produktionsvorbereitenden, produktionsdurchführenden sowie Leitungs- und Planungsbereichen in den Kombinaten und Betrieben sowie zur Erhöhung des Automatisierungsniveaus der Produktion.

Wesentliche Aufgaben zur qualitativen Vervollkommnung der materiell-technischen Basis durch Automatisierung bestehen in der Nutzung der Robotertechnik, der elektronischen Steuerungs- und Rechentechnik, sowie weiterer Anwendungsmöglichkeiten der Mikroelektronik. Um mit der Automatisierung alle Effektivitätsmöglichkeiten zu erschließen, sind weitreichende volkswirtschaftliche und betriebswirtschaftliche Untersuchungen notwendig. Es müssen die günstigsten Wege und Mittel der Automatisierung gefunden, die zweckmäßigsten Einsatzgebiete aus dem volkswirtschaftlich breiten Spektrum ausgewählt, die Automatisierungslösungen effektivitätsorientiert gestaltet und die entsprechenden Anwendungsbedingungen geschaffen werden. Automatisierungsmaßnahmen „erfordern mehr oder weniger umfangreiche Veränderungen in der Technologie und Organisation, also eine gründliche Einsatzvorbereitung“[2]. Betriebswirtschaftliche Untersuchungen an zahlreichen Automatisierungsvorhaben und -maßnahmen in Kombinaten lassen erkennen, daß im Interesse einer hohen Effektivität der Automatisierung folgende Fragen leitungsseitig umfassender in den Vorbereitungsprozeß einzuordnen sind:

1. Voraussetzung für eine effektive Automatisierung ist die Prozeßanalyse und Prozeß-

1 Bericht des Zentralkomitees der Sozialistischen Einheitspartei Deutschlands an den X. Parteitag der SED, Berichterstatter: Genosse Erich Honecker, Berlin 1981, S. 56.

2 H. Koziolek, Höherentwicklung der materiell-technischen Basis auf dem Wege der Intensivierung, in: Einheit, 10/1981, S. 990.

gestaltung. Damit muß verhindert werden, daß ein Prozeß automatisiert wird, der den wissenschaftlich-technischen, organisatorischen, arbeitswissenschaftlichen und ökonomischen Anforderungen nicht gerecht wird. Wie die Erfahrungen zeigen, gewinnen dafür nationale und internationale Niveauvergleiche sowie die wissenschaftliche Durchdringung der Prozesse an Bedeutung. Ein besonderer Schwerpunkt ist gegenwärtig die Erhöhung des Niveaus der Prozesse in der Produktionsvorbereitung. Sie muß darauf gerichtet sein

– die technisch-ökonomischen Modelle und Gesetzmäßigkeiten zu erarbeiten, die die Funktion der Erzeugnisse und der Prozesse ihrer Herstellung abbilden und

– die Vorschriften für die Abarbeitung der Prozesse zu formulieren.

Beides ist Voraussetzung, um mit Hilfe der Rechentechnik die produktionsvorbereitenden Prozesse automatisieren zu können.

2. Um die Effektivitätspotenzen der Automatisierung voll zu erschließen, sind zunehmend durchgängige Automatisierungslösungen zu konzipieren und zu verwirklichen. Die Untersuchungen im Kombinat Umformtechnik „Herbert Warnke“ Erfurt belegen, daß sich bei durchgängigen Lösungen, die die Produktionsvorbereitung und -durchführung erfassen, die ökonomischen Wirkungen im Reproduktionsprozeß fortpflanzen, insbesondere diejenigen zur Qualitätsverbesserung der Erzeugnisse und zur Verkürzung der Durchlaufzeit der Aufträge. Bei partiellen Automatisierungslösungen werden die durch die Automatisierung möglichen Nutzenselemente nicht voll wirksam. Die Untersuchungen zum Industrierobotereinsatz zeigen z. B., daß die durch Programmwechsel erreichbare Flexibilität in den Bewegungsabläufen eines Industrieroboters der Entnahme- und Ablegeeinrichtungen gegeben ist oder die Fertigungsaufträge nicht termingerecht eingesteuert werden. Die Verkürzung der Durchlaufzeit für eine Teilegruppe durch Einsatz eines NC-Bearbeitungszentrums wird aufgehoben, wenn sich durch ungenügendes organisatorisches Niveau die Liegezeiten dieser Teilegruppe vor der Montage verlängern. Maßnahmen zur Erhöhung der Flexibilität müssen also, abgeleitet an den Erfordernissen der Entwicklung des Kombinats, die Produktionsvorbereitung und -durchführung, die Leitung und Planung, die materiell-technische Versorgung und die Entwicklung des Arbeitsvermögens einschließen.

3. In stärkerem Umfang ist es notwendig, Variantenuntersuchungen durchzuführen, um aus den möglichen Automatisierungsprinzipien und -strukturen die volkswirtschaftlich effektivsten Lösungen der Vervollkommnung der materiell-technischen Basis auszuwählen. Es ist eine wichtige Leitungsaufgabe, die Effektivitätsermittlungen dahingehend zu überprüfen, ob das mögliche Variantenspektrum den Variantenvergleichen zugrunde gelegt wurde. Dabei ist zu beachten, daß das Optimum im Automatisierungsniveau durch die allgemeinen und spezifischen Reproduktionsbedingungen bestimmt wird. Vergleichende Untersuchungen in mehreren Kombinaten zur Verwirklichung automatisierter Arbeitsplätze in der Produktionsvorbereitung zeigten zum Beispiel, daß das Optimum des Arbeitsplatzbedarfs von dem zu entwickelnden Erzeugnissortiment, dem Erzeugnisumschlag, den zu produzierenden Stückzahlen, der Prozeßstruktur, den Verflechtungen des Prozesses zu vor- und nachgelagerten abhängt. Durch Überdimensionierung der technischen Lösungen werden die Investitionsfonds zu hoch belastet und statt Effektivitätszuwachs können sogar volkswirtschaftliche Verluste auftreten.

Auch Untersuchungen zum Einsatz von Industrierobotern machen die Notwendigkeit von Variantenbetrachtungen sichtbar. Prozeßflexible Roboter haben gegenüber prozeßspezifischer Handhabetechnik einen 3- bis 4mal höheren Aufwand. In Abhängigkeit von

– der Ähnlichkeit der handzuhabenden Einzelteile,

– der Häufigkeit des Einzelteilwechsels,

– dem Zeitaufwand für die Umstellung der Roboter, der Peripherie und der Werkzeugmaschine und
– dem Niveau des technologischen Prozesses
ist für die jeweilige Handhabungsaufgabe die ökonomisch und arbeitswissenschaftlich günstigste Robotervariante auszuwählen. Aus diesen Untersuchungen leitet sich die Empfehlung ab, in den Aufgabenstellungen und in den Dokumentationen zu den Pflichtenheften und Investitionsentscheidungen noch mehr auf den Nachweis von Variantenuntersuchungen zu drängen, um dadurch die Gewähr für das Erschließen aller Effektivitätsmöglichkeiten zu haben.

4. Die Automatisierung erfordert eine langfristige, zielstrebige Vorbereitung, insbesondere durch viele Rationalisierungsmaßnahmen anderer Art. Die Rationalisierung hilft, „den Übergang zur Automatisierung technologisch und organisatorisch vorzubereiten. Sie hat aber auch dazu beizutragen, mit der vorhandenen Technik die umfangreichen Mittel zu erwirtschaften, welche Automatisierung großen Stils verlangt"[3]. Die Verbesserung des Informationsflusses und der Prozeßorganisation, die Klassifizierung und Typisierung konstruktiver und technologischer Lösungen, die Schaffung einheitlicher Ordnungs- und Schlüsselsysteme, die Gewährleistung realer und aktueller Aufwandsnormative für Zeit, Material und Kosten – das alles sind wichtige Vorarbeiten, um den effektiven Einsatz der technischen Mittel zu gewährleisten. Da ein bedeutender Anteil der materiell-technischen Leistungen im Rationalisierungsmittelbau zu bewältigen ist, sind diese Bereiche langfristig zu stärken sowie die Kader aufgabenbezogen zu qualifizieren. Hieraus erwachsen vor allem Ansprüche an das Niveau der langfristig-konzeptionellen Arbeit in den Kombinaten.

Für den effektiven Einsatz automatisierter Arbeitsplätze in der Konstruktion und Technologie sind zum Beispiel folgende Voraussetzungen zu schaffen:
– die Ausarbeitung der Rechnerprogramme in einem solchen Umfang, daß eine 2schichtige Auslastung gewährleistet ist,
– der Aufbau von Datenspeichern, die dezentral und zentral abgerufen werden können,
– die Erarbeitung durchgängiger Lösungen für die Prozesse der Informationsverarbeitung, einschließlich der Prozesse der Planung, Lenkung und Kontrolle der Produktion,
– die Befähigung der Ingenieure zur Analyse, Systematisierung und Algorithmierung der zu automatisierenden Prozesse, zur Handhabung der Gerätetechnik und zur Entwicklung schöpferischer Arbeitsweise.

5. Die Vorbereitung der Automatisierung, die Auswahl des Automatisierungsprinzips, die Gestaltung der Automatisierungslösung und die Festlegung der einzelnen Parameter dürfen nicht losgelöst von den Anwendungsbedingungen erfolgen, weil sonst bei der Einführung und Nutzung der Lösung Effektivitätsverluste auftreten. Der Zusammenhang zwischen der Vorbereitung der Automatisierung und den Anwendungsbedingegen ist wechselseitig, denn
– einerseits sind die Bedingungen des Anwenders dem Entwurf der Automatisierungslösung zugrunde zu legen und
– andererseits sind für neue Mittel der Automatisierung planmäßig die Anwendungsbedingungen zu schaffen.

Überlegungen in der betriebswirtschaftlichen Forschung gehen dahin, durch Systematisierung und Klassifizierung zu Prozeßtypen zu kommen und für diese typische Strategien und Strukturen der Automatisierung zu finden. Das fördert das Effektivitäts-

3 Bericht des Zentralkomitees der Sozialistischen Einheitspartei Deutschlands an den X. Parteitag der SED, Berichterstatter: Genosse Erich Honecker, a. a. O., S. 56.

wachstum, weil damit für die Übertragung von Musterlösungen der Automatisierung auf Kombinatsbetriebe mit ähnlichen Bedingungen, die breitere Nachnutzung von Lösungen und die Durchführung von Leistungsvergleichen zum Erkennen von Möglichkeiten zur Erhöhung des Leistungsvermögens günstige Voraussetzungen geschaffen werden.

Es zeigt sich, daß umfangreiche konkrete Untersuchungen in den Kombinaten erforderlich sind, um eine hohe Effektivität der Automatisierung zu sichern. Leitung und Planung in den Kombinaten müssen gewährleisten, daß die Automatisierung organischer Bestandteil der komplexen Neuerungsprozesse im Kombinat ist und die Effektivität der Erzeugnisse erhöht. Durch ein hohes Niveau der langfristig-konzeptionellen Arbeit zur Herausbildung einer einheitlichen wissenschaftlich-technischen Politik, konsequente Umsetzung volkswirtschaftlicher Zielstellungen in Vorgaben für die wissenschaftlich-technische Arbeit und durch Leitung der komplexen Neuerungsprozesse mit Hilfe von Pflichtenheften können die Kombinate den Anforderungen nach einer hohen Effektivität der Automatisierung besser gerecht werden. Es ist aber auch notwendig, die ökonomischen und sozialen Wirkungen der Automatisierung zu erkennen, zu quantifizieren und sie voll in die Entscheidungsfindung über die Automatisierung einzubeziehen. Solche Wirkungen, wie der Ersatz menschlicher Arbeit, die Erhöhung der Qualität der Arbeitsergebnisse, die Erhöhung der Flexibilität, die Verkürzung der Zeitdauer der Prozesse und die Verbesserung der Arbeits- und Lebensbedingungen, sind für die Automatisierung typisch und sie müssen durch effektivitätsorientierte Gestaltung der Automatisierungslösungen noch bewußter wirksam gemacht werden.

H. Maier

Flexible Automatisierung – eine entscheidende Grundrichtung zur Erhöhung des qualitativen Niveaus der materiell-technischen Basis in den 80er und 90er Jahren

Eine der tiefgreifendsten Wirkungen der Mikroelektronik besteht darin, daß sie die Voraussetzungen für eine neue Stufe der Automatisierung, für die flexible Automatisierung schafft. Hierdurch wird es möglich, die Barrieren, auf die die gegenwärtig vorherrschende Einzweck-Automatisierung stößt, zu überwinden und damit für die Automatisierung ein bisher unzugängliches Effizienzpotential zu eröffnen. Durch die Mikroelektronik wird es erstmals möglich, einen unmittelbaren Dialog von Maschine zu Maschine – durch die in sie integrierten Prozeßrechner – im Rahmen eines lernfähigen Systems herzustellen und Menschen von der direkten Teilnahme und Vermittlung dieses Dialoges zu befreien. Der bisher dominierende, eindimensionale Typ der Automatisierung beruht auf unflexiblen Produktionslinien zur Produktion eines ganz bestimmten Massenprodukts. Obwohl die Einzweck-Automatisierung bei der Produktion von Massenerzeugnissen weiterhin ihre Bedeutung behalten wird, ist nicht zu übersehen, daß dieser Typ der Automatisierung sich gegenwärtig einem Saturationspunkt nähert, den es immer schwieriger wird zu überschreiten. Untersuchungen z. B. in den USA zeigen, daß der Automatisierungskoeffizient bei Anlagen (d. h. der wertmäßige Anteil der automatisierten und teilautomatisierten Anlagen am Wert der Gesamtheit der Produktionsanlagen) in den wichtigsten Industriezweigen sich einem Saturationspunkt von 50–65% nähert und der Automatisierungsgrad der Arbeit 12–18%.[1]

Die sich abzeichnenden Barrieren für die Erhöhung des Automatisierungskoeffizienten der Anlagen und des Automatisierungsgrades der Arbeit (dies ist der Anteil der Arbeiter an voll- und teilautomatisierten Anlagen mit der Gesamtheit der Produktionsarbeiter) bei dem gegenwärtig vorherrschenden Typ der Automatisierung, der Einzweck-Automatisierung, hängen mit zwei ökonomischen Tatbeständen zusammen:

1. In jeder industriell entwickelten Volkswirtschaft muß ein großer Teil der Produktion in kleineren und mittleren Serien erfolgen. In der DDR z. B. produzieren 40% der Betriebe mit einer Stückzahl von 1000 bis 100000 Stück.[2] In der metallverarbeitenden Industrie der DDR ist in der Zeit von 1970–1978 der Anteil der kleinen und mittleren Serien mit etwas mehr als 55% faktisch konstant geblieben.[3]

2. Eine der entscheidenden Ursachen dafür, daß die Einzweck-Automatisierung an die Grenzen ihres Effizienzpotentials zu stoßen beginnt, liegt darin, daß sie einen Widerspruch zwischen Automatisierung der Fertigung und Innovativität der Erzeug-

1 Vgl. Arthur D. Little, Inc., Factors Relatect to the Implementation and Diffusion of New Technologies, A Report to the NSF, Nr. 80978, Juni 1979, Washington.

2 D. Schilling, Nutzensnachweis beim Einsatz von Schweißrobotern, in: ZIS-Mitteilungen, 9/1980, S. 1023.

3 Statistisches Jahrbuch der DDR 1972, Berlin 1972, S. 142 und Statistisches Jahrbuch der DDR 1980, Berlin 1980, S. 127.

nisse hervorbringt. Der traditionelle Typ der Automatisierung ist oftmals ökonomisch erst in der Reife – bzw. der Saturationsphase des Innovationszyklus anwendbar, also erst zu einem Zeitpunkt, wo die dynamische Effektivität der Erzeugnisse abzunehmen beginnt und sich immer mehr der durchschnittlichen Effektivität annähert.[4] Die Einzweck-Automatisierung bringt einen wichtigen Effektivitätszuwachs vor allem bei technologisch voll ausgereiften Erzeugnissen, die in sehr großer Stückzahl produziert werden können. Dies sind aber auch Erzeugnisse, die durch wissenschaftlich-technische Neuerungen sehr leicht anfällig sind, was schnell dazu führen kann, daß die mit enormem Aufwand errichteten automatisierten Produktionsanlagen ökonomisch entwertet werden können. Hochinnovative Erzeugnisse sind für diesen Typ der Automatisierung unerreichbar. Dies ändert sich erst mit den durch die Mikroelektronik geschaffenen Möglichkeiten für flexible Automatisierung. Mit ihr wird das in der Automatisierung von kleineren und mittleren Serien, die oftmals hochinnovative Erzeugnisse darstellen, liegende Effizienzpotential erstmals erschlossen. Damit ändert sich auch der Platz der Automatisierung im Innovationszyklus.

Dies führt ohne Zweifel zu einer Beschleunigung des wissenschaftlich-technischen Fortschritts auf breitester Front.

Die flexible Automatisierung der Produktion besteht aus drei Grundelementen:
- numerisch gesteuerte Werkzeugmaschinen,
- Industrieroboter,
- integrierte flexible Fertigungssysteme.

Die einzelnen Elemente der flexiblen Automatisierung (FUA) – wie die NC-Maschine (1955), der Industrieroboter (1962) und flexible Fertigungssysteme (1965) – existieren bereits seit vielen Jahren. Aber erst die Mikroelektronik war in der Lage, ihre dynamische Effizienz wesentlich zu erhöhen und sie zu einem System zusammenzuschließen und so die Produktivität auf Gebieten zu erhöhen, die bisher für die Automatisierung unzugänglich waren. In der bisherigen Produktion waren diese Grundelemente nur lose miteinander verbundene Inseln.

So machten in den 60er Jahren die Meß-, Regel- und Steuerausstattung der NC-Maschinen über 50% ihrer Kosten aus. Dies waren vor allem die sehr teuren Erzeugnisse der konventionellen Elektronik. Durch die Mikroelektronik war es möglich, diesen Kostenanteil auf 20% zu senken. Ähnlich war die Wirkung der Mikroelektronik auf die Kostensenkung bei der Meß-, Regel- und Steuereinrichtung der Industrieroboter.

Die mit der konventionellen Elektronik ausgestatteten NC-Maschinen breiteten sich nur langsam aus, da sich ihre Effektivität nicht schnell genug erhöhte. Ohne Zweifel hat die traditionelle NC-Maschine die in sie vor 25 Jahren gesetzten Erwartungen nicht erfüllen können. Die Ausbreitungsgeschwindigkeit von NC-Maschinen erhöhte sich erst ab 1975, als durch die Mikroelektronik entscheidende Effektivitätssteigerungen möglich wurden:
- durch die drastische Senkung des Aufwandes für die Meß-, Regel- und Steuerausrüstung,
- durch die Integration der NC-Maschine in ein rechnergesteuertes System der flexiblen Fertigung.

Letztere machte es möglich, die Auslastungszeit der NC-Maschine wesentlich zu er-

4 Näheres über die einzelnen Phasen des Innovationszyklusses siehe: H. Maier, Wissenschaftlich-technische Neuerungsprozesse, Effektivität und Strategienbildung, in: Wirtschaftswissenschaft, 11/1981, S. 1313.

höhen und den Materialkreislauf zu rationalisieren. Im Rahmen der traditionellen Produktionssysteme lag die Auslastung der NC-Maschinen bei 50%, wobei eine Auslastung von 85% technologisch denkbar war. Die Integration der NC-Maschine in die flexible Fertigung ermöglicht eine weitestgehende Annäherung der tatsächlichen Auslastung an den technologisch erreichbaren Wert.

Flexible Fertigungssysteme sind das integrierende 3. Element der flexiblen Automatisierung, das die NC-Maschinen und die Industrieroboter zum System der flexiblen Automatisierung zusammenschließen. Die *erste* Generation von flexiblen Fertigungssystemen wurde 1965 in der Flugzeugindustrie eingeführt, die als integrierte Systeme nicht nur Werkstückbearbeitung, sondern auch solche unterschiedlichen Tätigkeiten wie Säubern, Färben und Antikorrosionsbehandlung einschlossen. Im Unterschied zu vollautomatisierten Fertigungssystemen, ist die flexible Automatisierung mehr eine automatisierte Werkstatt als eine automatisierte Fabrik. Ihre hervorstechendste Eigenschaft ist, daß sie in kleineren und mittleren Serien sehr unterschiedliche Produkte produziert und daß die Umstellung dieses Systems auf die Herstellung neuer Produkte unvergleichbar niedrigere Kosten verursacht als bei der traditionellen Form der Automatisierung. Hierdurch ist es möglich, hochinnovative Erzeugnisse mit großer dynamischer Effektivität mit geringerem Einführungsaufwand zu produzieren.

Die *zweite* Generation von flexibler Fertigung beruht auf einem rechnerintegrierten Fertigungssystem. Hier ordnet der Rechner die Kommunikation und das Zusammenwirken von Maschinen und den Robotern in optimaler Weise, er speichert die einzelnen Ablaufprogramme und ermöglicht den problemlosen Übergang von einem Programm zum anderen.

Bei der *dritten* Generation der flexiblen Fertigungssysteme übt er die volle Kontrolle über das Fertigungssystem aus und reagiert selbständig auf Störungen und behebt einen großen Teil ihrer Ursachen. Dies schließt ein die Qualitätskontrolle der Erzeugnisse und die Aussonderung des dem gesetzten Qualitätsnormativ nicht entsprechenden Teils der Produktion.

Neben der NC-Maschine, dem integrierten flexiblen Fertigungssystem, ist der Industrieroboter ein entscheidendes Grundelement der flexiblen Automatisierung. Entscheidend sind hierbei die durch die Mikroelektronik geschaffenen Möglichkeiten zur drastischen Senkung der Kosten des Steuer-, Meß- und Regelungsausrüstungsanteils der Industrieroboter und zu ihrer Integration in das flexible Fertigungssystem. Ohne eine solche Integration in das System der flexiblen Fertigung würde der Industrieroboter langfristig gesehen nicht in der Lage sein, die in ihn gesetzten Erwartungen im Hinblick auf die Effektivitätssteigerung zu erfüllen. In der DDR ist der Industrierobotereinsatz integriert in ein umfassendes Programm der Verbesserung der Arbeits- und Lebensbedingungen der Menschen, wie es im Kurs der Hauptaufgabe des X. Parteitages der SED herausgearbeitet wurde. Hieraus sind die Zielstellungen und Maßstäbe des Robotereinsatzes abgeleitet worden. In der DDR gilt es durch forcierten Robotereinsatz folgendes zu erreichen:

1. Übergang zur flexiblen Automatisierung, vor allem auf dem Gebiet der Klein- und Mittelserien, um eine überdurchschnittliche Arbeitsproduktivität und eine spürbare Verkürzung der Überführungszeiten bei neuen Erzeugnissen mit hohem wissenschaftlich-technischem Niveau zu erreichen. So werden gegenwärtig im Maschinen- und Fahrzeugbau fast 85% und in der Elektrotechnik/Elektronik/Gerätebau über 75% der Erzeugnisse in Klein- und Mittelserienfertigung produziert.[5] Der Industrie-

5 Statistisches Jahrbuch der DDR 1980, Berlin 1980, S. 127.

roboter ist nicht nur eine wichtige Innovation, sondern hilft auch die Innovativität des Produktionssortiments, vor allem des Maschinenbaus, wesentlich zu erhöhen.

2. Der Industrieroboter als Element der flexiblen Automatisierung ist eine der wenigen Basisinnovationen der 80er und 90er Jahre, mit der man gleich zu Beginn einen hohen Freisetzungseffekt von Arbeitskräften erzielen kann. Der mit den Industrierobotern verbundene hohe Freisetzungseffekt schafft somit wesentliche Voraussetzungen für die Realisierung wichtiger Basisinnovationen auf dem Gebiet der Energie, der Umwelt sowie der Biotechnologien, die sonst im allgemeinen mit der Schaffung einer Vielzahl zusätzlicher Arbeitsplätze verbunden wären. Dieser Zusammenhang ist für die Wirtschaftsstrategie der DDR von großer Bedeutung. So besteht ein strategisches Ziel des Fünfjahrplanes (1981–1985) der DDR darin, Arbeitszeit, die 300 000 Arbeitskräften entspricht, freizusetzen.[6] Fast 30% der freigesetzten Arbeitszeit soll durch den Einsatz von Industrierobotern erzielt werden. Insgesamt sollen im Zeitraum 1981–1985 40 000 bis 45 000 Industrieroboter im Sinne der weiteren Definition zum Einsatz kommen, wobei pro Roboter eine Freisetzung von 2,5 Arbeitskräften in einem mehrschichtigen Betrieb angestrebt wird.[7] Die bisherigen Ergebnisse in der Industrie der DDR zeigen, daß es möglich ist, pro Roboter 1,4 bis 3 Arbeitskräfte freizusetzen, wobei die Ergebnisse je nach Typ des Roboters und den Einsatzbedingungen sehr schwanken. Werkzeughandhabende Roboter haben einen Freisetzungseffekt von 0,9 und werkstückhandhabende Roboter eine Freisetzung von 2,1 Arbeitskräften pro Schicht.

3. Eine wesentliche Senkung des Anteils von körperlich schwerer und geistig monotoner Arbeit ist zu erreichen. In ihrer bisherigen Form führte die Automatisierung zu einer Polarisierung der Arbeitsanforderungen. Einmal wuchs das Gewicht der qualifizierten Arbeit (vor allem bei der Installierung, Wartung, Reparatur und Kontrolle der Automaten), zum anderen wurden die körperlich schweren und geistig monotonen Tätigkeiten reduziert oder unangetastet gelassen. Wie Untersuchungen in der Industrie der DDR in der Mitte der 70er Jahre zeigten, waren gerade bei der Voll- und Teilautomatisierung über 25% der dort beschäftigten Facharbeiter unter ihrem Qualifikationsniveau eingesetzt.

Der Industrieroboter trägt wesentlich dazu bei, Arbeitsplätze mit hoher physischer Belastung und geringen geistigen Anforderungen schrittweise zu eliminieren. Die Durchsetzung der flexiblen Automatisierung im Sozialismus – als eine wesentliche Seite der Revolution der Produktivkräfte der 80er und 90er Jahre – erfordert eine Reihe von sozialen Voraussetzungen und führt zu wichtigen sozialen Konsequenzen. Hier können nur einige von ihnen angedeutet werden.

1. Die Produktivitätssteigerung der materiellen Produktion, wie sie durch die flexible Automatisierung möglich wird, erfordert eine radikale Umgestaltung der Arbeitsprozesse in den nichtmateriellen Bereichen der Volkswirtschaft, vor allem bei der Leitung, Planung und Organisation der Produktion. Hier eröffnen Büroautomatisierung und Telekommunikation – auf Grundlage der Mikroelektronik – völlig neue Möglichkeiten, um die Beziehungen zwischen den einzelnen Ebenen der Volkswirtschaft, zwischen Produktion und Konsumtion viel direkter und effektiver zu gestalten. Eine Reihe von Zwischengliedern können wegfallen und es wird möglich, Informa-

6 Bericht des Zentralkomitees der Sozialistischen Einheitspartei Deutschlands an den X. Parteitag der SED, Berichterstatter: Genosse Erich Honecker, Berlin 1981, S. 57.

7 Ebenda, S. 56; G. Mittag, Kombinate im Kampf um die Durchführung der ökonomischen Strategie des X. Parteitages, in: Einheit, 6/1981, S. 537.

tionsverluste zu verringern und die Flexibilität der Produktion im Hinblick auf wissenschaftlich-technische Neuerungen zu erhöhen.

2. Die Realisierung der Fertigungssysteme der flexiblen Automatisierung erfordert ein neues Niveau der Investitionstätigkeit, da es sich um die Umgestaltung nicht nur der Fertigungsprozesse, sondern auch der Handhabungsprozesse, nicht nur der Haupt-, sondern auch der Neben- und Hilfsprozesse, nicht nur der Produktionsprozesse, sondern auch der Prozesse der Leitung und Planung, nicht nur der Arbeitsprozesse, sondern auch der Arbeitsbedingungen handelt. Eine solche radikale Umgestaltung der Produktion ist im Sozialismus nur zu bewältigen, wenn von Beginn an eine projektbezogene Gemeinschaftsarbeit von Leitern, Wissenschaftlern, Ingenieuren und Arbeitern zustande kommt, um Lösungen zu finden, die sowohl die Produktivität der Arbeit wesentlich erhöhen, als auch helfen, den sozialistischen Charakter der Arbeit weiter auszuprägen.

3. Aus den mit der flexiblen Automatisierung eröffneten Möglichkeiten eines direkten Maschine-Maschine-Dialoges ergeben sich spezifische Anforderungen an das Qualifikationsniveau und die Flexibilität der Arbeitskräfte. Hierbei geht es nicht nur um die rechtzeitige Vorbereitung der Werktätigen auf die Inbetriebnahme, Wartung und Unterhaltung von Produktionseinheiten der flexiblen Automatisierung, sondern auch um die Beseitigung von Barrieren für die Anwendung und Ausbreitung der modernen Rechentechnik für die Steuerung von Produktionssystemen. Dies erfordert auf allen Stufen des Bildungswesens, den praktischen Umgang mit der modernen Rechentechnik zur Lösung von Aufgaben des täglichen Lebens zu einer Grundsäule der sozialistischen Allgemeinbildung zu machen.

4. In den letzten Jahren hat die Mikroelektronik zu einer drastischen Erhöhung des Wirkungsgrades ihrer technischen Komponenten geführt. So ist es heute möglich, hunderttausende von Transistorschaltungen auf einem winzigen Chip zu vereinen und die Schaltzeiten innerhalb der integrierten Schaltkreise auf Millionstel von Sekunden zu verringern. Die Speicherkapazitäten der Mikroprozessoren sind ständig gewachsen, wobei die Kosten pro Transistorfunktion und Speichereinheit ständig gesunken sind. Die äußerst beeindruckende Erhöhung des Wirkungsgrades der technischen Komponenten der Rechentechnik *(Hardware)* durch die Mikroelektronik stellt eine große Herausforderung für die Entwicklung der notwendigen *Software* (Programme, Programmsysteme und Datenbestände) und der *Orgware* (organisatorische Lösungen für den rationellen Einsatz der modernen Rechentechnik) dar, denn nur mit ihrer Hilfe ist es möglich, das mit der Hardware der Mikroelektronik geschaffene Effizienzpotential voll zu nutzen. Die flexible Automatisierung ist allein auf Grundlage einer hochentwickelten Hardware nicht realisierbar, dies ist nur im Rahmen einer intelligent ausgearbeiteten Software und Orgware möglich.

5. Es wäre sinnlos, die flexible Automatisierung für die Produktion von Erzeugnissen mit geringem wissenschaftlich-technischen Neuheitsgrad anzuwenden. Für ausgereifte, standardisierte Massenerzeugnisse ist die Einzweck-Automatisierung ökonomisch wesentlich sinnvoller. Der große Vorzug der flexiblen Automatisierung besteht darin, daß sie eine einmalige Möglichkeit für die Senkung des Überführungsaufwandes und der Überführungszeit für neue wissenschaftlich-technische Produkte schafft. Damit wird es möglich, die diesen Produkten innewohnende dynamische Effektivität schon zu einem relativ frühen Zeitpunkt zu nutzen.

6. Die flexible Automatisierung zeigt, daß es unmöglich ist, ihren ökonomischen Stellenwert bei der weiteren Entwicklung der sozialistischen Gesellschaft allein auf Grund von durchschnittlichen Effektivitätskennziffern, wie Arbeitsproduktivität,

Fondsquote, Materialintensität u. a. zu messen. Entscheidungen über solche ausschlaggebenden Basisinnovationen, wie die flexible Automatisierung, die das gesamte System der Produktivkräfte umzugestalten vermögen, bedürfen einer differenzierten, strategisch orientierten Aufwand–Nutzen-Analyse. Erst sie macht es möglich, die mit einer solchen Basisinnovation, wie der flexiblen Automatisierung verbundenen dynamischen Effektivität in ihrer strategischen Bedeutung zu erfassen.

H. Schellenberg

Zur Entwicklung der materiell-technischen Basis unter dem besonderen Aspekt hoher Energieökonomie

Unter den gegenständlichen Existenz- und Entwicklungsbedingungen und in den wirtschaftlichen Kreislauf einbezogenen natürlichen Ressourcen, die in ihrer Gesamtheit die materiell-technische Basis des Sozialismus bilden, kommt den Energieträgern als entscheidender Produktivitätsfaktor und Voraussetzung für die weitere Erhöhung des materiellen und kulturellen Lebensniveaus der Bevölkerung ohne Zweifel hervorragende Bedeutung zu. Wirksame Maßnahmen zu ergreifen, um den wachsenden Bedarf an Energie und Rohstoffen, vor allem durch stärkere Nutzung der heimischen Braunkohlevorräte, zu decken und Energie und Material effektiver einzusetzen, sind im Programm der SED nachdrücklich als ein „grundlegendes Erfordernis zur planmäßigen proportionalen Entwicklung der Volkswirtschaft“[1] hervorgehoben.

Im Zeitraum von 1950 bis 1980 stieg der Primärenergieverbrauch in der DDR auf rund das 2,5fache. Ähnliches trifft auf den Gebrauchsenergieverbrauch zu. Das produzierte Nationaleinkommen hingegen wuchs auf mehr als das 6fache. Im Vergleich zum Wachstum des produzierten Nationaleinkommens lag der Zuwachs des Energieverbrauchs also deutlich niedriger. Die Energieintensität des Reproduktionsprozesses, das Verhältnis des Primär- bzw. Gebrauchsenergieverbrauchs der Gesellschaft zum produzierten Nationaleinkommen, sank. Im Verhältnis zu den Ausgangswerten liegt sie heute beim nach wie vor internationalen hohen Pro-Kopf-Verbrauch an Energie in der DDR, bei rund 40%.

Das sind beachtliche Ergebnisse, wie der Vergleich der Entwicklung des Wachstums des produzierten Nationaleinkommens bzw. des Bruttosozialprodukts in Relation zum Wachstum des Primärenergieverbrauchs in verschiedenen sozialistischen und kapitalistischen Ländern in Tabelle 1 erkennen läßt. In ein Diagramm übertragen, welches das Wachstum des produzierten Nationaleinkommens als Funktion des Anstieges des Primärenergieverbrauchs zeigt, ergibt sich für die DDR ein außergewöhnlich steiler, im Verhältnis zum Wachstum des Primärenergieverbrauchs deutlich überproportionaler Anstieg des produzierten Nationaleinkommens (in vergleichbaren Preisen).

Als Gründe der Begrenzung des Primärenergieverbrauchs sehe ich vor allem:
- die strukturellen Veränderungen in der Produktion, darunter insbesondere die Entwicklung der Industriestruktur, verbunden z. B. mit der beschleunigten Entwicklung weniger energieintensiver Produktionen wie auf dem Gebiet Elektrotechnik/Elektronik u. ä.,
- den Strukturwandel in der Rohstoff-, Material- und Energiebasis und die Verminderung der Materialintensität der Produktion,
- die Entwicklung der Technik und Technologie in allen Hauptbereichen der Energieversorgung und Energieanwendung und damit des spezifischen Energieverbrauchs je Einheit des Ergebnisses, im besonderen bei energieintensiven Erzeugnissen wie Alu-

1 Vgl. Programm der Sozialistischen Einheitspartei Deutschlands, Berlin 1976, S. 28.

Tabelle 1

Indexentwicklung des produzierten Nationaleinkommens bzw. Bruttosozialprodukts und des Bruttoinlandsverbrauchs an Primärenergie (1960=100)

Land	Kenngröße	Index der Kenngröße 1965	1970	1974	1975	1976	1978
DDR	Nationaleinkommen	118	153	190	199	206	225
	Primärenergieverbrauch	117	127	134	137	141	147
ČSSR	Nationaleinkommen	110	153	188	201	209	227
	Primärenergieverbrauch	125	144	157	164	170	176
UdSSR	Nationaleinkommen	137	199	251	263	276	305
	Primärenergieverbrauch	137	177	218	212	222	238
BRD	Bruttosozialprodukt	129	163	179	170	185	189
	Primärenergieverbrauch	126	161	175	161	178	180
Frankreich	Bruttosozialprodukt	134	178	213	210	222	235
	Primärenergieverbrauch	133	178	202	184	205	206
USA	Bruttosozialprodukt	127	151	173	159	178	183
	Primärenergieverbrauch	121	153	163	159	168	170

Quelle: Berechnet nach Statistische Jahrbücher der DDR, Berlin, Statističeskij ežegodnik stran-členov-Soveta Ėkonomičeskoj Vzaimopomošči, Moskva, Yearbook of NATIONAL ACCOUNTS STATISTICS, UNITED NATIONS, New York.

minium, Roheisen, Stahl, Walzmaterial, Zement, Zementklinker, aber auch Elektroenergie u. a.,
– die erhöhte Ausnutzung der Produktionskapazität und das schnelle Tempo der Produktionssteigerung vor allem auf intensivem Wege, was unter Berücksichtigung eines steigenden von der Höhe der Produktion unabhängigen Produktionsgrund- und Energienebenverbrauchs für Raumheizung u. a. wirksam dazu beitrug, daß der Verbrauch je Einheit des Ergebnisses sank,
– die Qualität der Leitung, Planung, Abrechnung und Analyse sowie Kontrolle des Energieeinsatzes und der Organisation der Produktion, die materielle Interessiertheit am sparsamen Umgang mit Energie und ihrer effektiven Verwertung,
– das allgemeine Energieverständnis, Energiebewußtsein, die insgesamt gestiegenen Kenntnisse zur Notwendigkeit und Möglichkeit rationeller Energieanwendung in allen Bereichen des gesellschaftlichen Lebens.

All das trug dazu bei, den Nutzenenergiebedarf zunehmend auf ein sinnvolles Maß zu begrenzen und den Gebrauchsenergiebedarf zur Deckung des Nutzenenergiebedarfs zu vermindern.

Unter dem Einfluß insbesondere der Ölpreisentwicklung auf dem Weltmarkt seit 1973 werden heute in allen industriell hochentwickelten Industrieländern erhöhte Anstrengungen zur sparsamen und rationellen Nutzung der Energie in allen Bereichen der Wirtschaft und des gesellschaftlichen Lebens unternommen. Schwerpunkte, Hauptwege der rationellen Energieanwendung sind dabei:
– effektivere Energieumwandlung im Versorgungsbereich, geringere Umwandlungs- und Transportverluste bei der Gebrauchsenergiebereitstellung, u. a. durch verstärkte Wärme-Kraft-Kopplung und gezielte Aussonderung von Kraftwerksanlagen mit hohem spezifischem Brennstoffwärmeverbrauch,
– höhere Nutzung der Sekundärenergiereserven, insbesondere der Abwärme,
– Herstellung besserer wärmegedämmter Geräte, Anlagen und Bauwerke und Regelung

der Wärmezufuhr beim Beheizen von Wohnungen, Industrie- und Gesellschaftsbauten,
- Erhöhung der energetischen Wirkungsgrade stationärer und ortsbeweglicher Antriebe,
- verstärkte Nutzung von Elektrotechnologien, auch im Verkehrswesen, was allgemein den beschleunigten Ausbau der elektroenergetischen Basis verlangt und mit der Forderung verbunden ist, die Verfügbarkeit der Anlagen und Prozesse der Elektroenergieerzeugung ökonomisch begründet zu erhöhen und bei gleichzeitiger Verbesserung der Wärmewirtschaft das Elektroenergieaufkommen beschleunigt zu steigern.

In die gleiche Richtung zielen die Beschlüsse des X. Parteitages der SED. Allein auf dem Gebiet der Energieumwandlung sind bis 1985 durch Senkung des spezifischen Brennstoffwärmeverbrauchs für die Elektroenergie- und Wärmeerzeugung ein Rohbraunkohleäquivalent (Bezugsjahr 1980) von 21,5 Millionen Tonnen zu erwirtschaften. Analoges gilt für die technologischen Wärmeprozesse. Durch Entwicklung und Einführung rekuperativer und regenerativer Abwärmerückgewinnungsanlagen, durch Entwicklung und Fertigung neuer Brenner- und Feuerungssysteme einschließlich der dazugehörigen Mikrorechnersteuerungen, durch Einführung hocheffektiver Technologien der Wärmebehandlung von Metallen u. a. sind Energiereserven im Umfang von 23,5 Millionen Tonnen Rohbraunkohleäquivalent zu erschließen. Neue Lösungen für die thermische Verbesserung der Bauwerkshülle bei neu zu errichtenden bzw. zu modernisierenden Gebäuden sowie für die energieökonomische günstige Gestaltung ganzer Komplexe im Wohnungs-, Gesellschafts- und Industriebau werden erforderlich usw. Ohne die insgesamt weit umfangreichere Aufgabenstellung zur rationellen Energieanwendung in neuen Dimensionen[2] weiter auszubreiten wird deutlich, daß es gilt, das weitere dynamische Wirtschaftswachstum in der DDR mit einem bedeutend geringeren Zuwachs des jährlichen Primärenergieverbrauches zu sichern und verstärkt Substitutionsprozesse sowohl im Primär- wie auch im Gebrauchsenergieverbrauch zu bewältigen. Das stellt an Wissenschaft und Technik, an die Vervollkommnung und qualitative Höherentwicklung der materiell-technischen Basis hohe Ansprüche. Auf längere Sicht liegt das Einsparpotential zur Senkung der Energieintensität des Reproduktionsprozesses ohne Frage vor allem im gezielten technisch-technologischen Wandel verbunden mit der Erhöhung des ökonomischen Wirkungsgrades der gesellschaftlichen Arbeit.

Auf die sich hieraus ergebende Konsequenz hat Professor Koziolek in seinem Artikel zur Höherentwicklung der materiell-technischen Basis in der „Einheit" hingewiesen[3]: Ohne daß deshalb auf den weiteren Ausbau der energetischen Basis des Sozialismus, insbesondere die Erhöhung der Braunkohleförderung und -veredlung sowie die beschleunigte Entwicklung der Kernenergetik zur Elektroenergie- und Wärmeversorgung verzichtet werden kann, werden die Investitionen verstärkt genutzt, um die Erweiterung der Energie- und Rohstoffbasis in erheblichem Maß durch Einsparungen zu erreichen. Hier einen volkswirtschaftlich optimalen Ansatz zu finden, ist eine wesentliche Voraussetzung dafür, zu einer höheren Stufe der Intensivierung überzugehen. Das schließt den optimalen Einsatz der Rationalisierungsinvestitionen mit dem Ziel der Energieeinsparung und Gewährleistung ihrer größtmöglichen Effektivität ein.

2 Vgl. H. Ziergiebel, Rationelle Energieanwendung - wachsender Faktor sozialistischer Energiepolitik der DDR, Vortrag anläßlich des Kolloquiums zu Ehren des 65. Geburtstages von Magnifizenz Prof. Dr. rer. oec. Dipl.-Ing. Hans-Joachim Hildebrand an der Ingenieurhochschule Zittau im November 1980.

3 Vgl. H. Koziolek, Höherentwicklung der materiell-technischen Basis auf dem Wege der Intensivierung, in: Einheit, 10/1981, S. 986-994.

Im Fünfjahrplan 1976/80 betrug der durchschnittliche spezifische Aufwand für die Einsparung von Energieträgern nur etwa ein Viertel des spezifischen Aufwandes für die sonst erforderliche zusätzliche Energieträgerbereitstellung. Die Rückflußdauer der zusätzlichen einmaligen Aufwendungen für energetische Rationalisierungsmaßnahmen lag im Durchschnitt aller Bereiche der Volkswirtschaft zwischen 1,2 und 1,5 Jahren. Auch im laufenden Fünfjahrplan liegt der Freisetzungsaufwand bei technologischen Prozessen in der Industrie, im Transport oder auch bei der Raumheizung im allgemeinen deutlich niedriger als der Bereitstellungsaufwand.

Tabelle 2

Ergebnisse der Rationalisierung der Energieverwendung 1977 nach Betriebsgruppen

Betriebsgruppe	Umfang der Energieeinsparungen		Effektivität der Energieeinsparungen	
	Energieeinsparungen in TJ/a	Anteilige Energieeinsparung in %	Rückflußdauer in a	spez. Ratio.-aufwand in M/GJ/a
1.0	2896	3,1	0,8	24
2.0	6053	1,8	1,7	28
3.0	7765	3,4	3,1	42
4.0	13429	1,0	2,3	37
$\sum$ bzw. Ø	30143	1,5	2,1	36

Quelle: E. Scheffler u. a., Analytische und methodische Hilfsmittel zur überbetrieblichen Beeinflussung der rationellen Energieanwendung im Industriebetrieb, in: Wissenschaftliche Berichte der Ingenieurhochschule Zittau, IHZ-B-80-366, März 1980.

Im einzelnen ergaben und ergeben sich dabei jedoch bemerkenswerte Unterschiede, wie Tabelle 2 erkennen läßt. Auf der Grundlage der Energieberichterstattung von rund 1500 zentralgeleiteten Industriebetrieben wurden für das Jahr 1977 die Ergebnisse bei der Rationalisierung des Energieeinsatzes ermittelt.[4] In Abhängigkeit von den Prozessen

- in der Gruppe 1: vorwiegend mechanische Fertigung, Nebenverbrauch am gesamten Gebrauchsenergieverbrauch größer als 50%,
- in der Gruppe 2: neben mechanischer Fertigung zusätzlich thermische Prozesse, Nebenverbrauchsanteil am gesamten Gebrauchsenergieverbrauch zwischen 25 und 50%,
- in der Gruppe 3: überwiegend thermische Prozesse, Nebenverbrauchsanteil kleiner als 25% und
- in der Gruppe 4: energieintensive Großbetriebe mit einem jährlichen Gebrauchsenergieverbrauch von $4 \cdot 10^6$ GJ/a und mehr

sowie weiteren Bedingungen, darunter auch der Art der Energieversorgung, sind Umfang und Effektivität der Energieeinsparungen sehr verschieden. Während in der Gruppe 1 (659 Betriebe mit einem Anteil am gesamten Gebrauchsenergieverbrauch in allen Betrieben von 7,5%) und in der Gruppe 2 (455 Betriebe mit einem Gebrauchsenergieanteil von 13,6%) niedrige Rückflußdauern und niedriger spezifischer Rationalisierungsaufwand auftreten, liegen diese Kenngrößen der Effektivität der Energieein-

4 Vgl. E. Scheffler/H. Markert/V. Truschka/N. Reiß, Analytische und methodische Hilfsmittel zur überbetrieblichen Beeinflussung der rationellen Energieanwendung im Industriebetrieb, in: Wissenschaftliche Berichte der Ingenieurhochschule Zittau, IHZ-B-80-366.

sparung bei den Gruppen 3 (341 Betriebe mit einem Anteil am gesamten Gebrauchsenergieverbrauch von 23,4%) und 4 (27 Betriebe mit einem Gebrauchsenergieanteil von 55,5%) deutlich höher. Dabei spielt eine Rolle, daß die Rationalisierung der Raumheizung, wie Tabelle 3 zeigt, mit einem spezifischen Rationalisierungsaufwand von 11,7 M/GJ/a der ökonomisch effektivste Rationalisierungsbereich ist, gefolgt von Wärmeprozessen im Niedertemperaturbereich mit einem spezifischen Rationalisierungsaufwand von 21,7 M/GJ/a, und daß am aufwendigsten Wärmeprozesse im Hochtemperaturbereich mit einem spezifischen Rationalisierungsaufwand von 59,7 M/GJ/a energetisch effektiver zu gestalten sind. Hinzu kommt, daß die energetische Rationalisierung in energieintensiven Betrieben im allgemeinen seit langem im Blickfeld liegt und mit verhältnismäßig geringem Aufwand zu erreichende Einsparungen vielfach erzielt sind und jetzt tiefer vorgedrungen werden muß.

Tabelle 3

Energieeinsparungen durch Rationalisierungsmaßnahmen

Betriebs-gruppe	Energieeinsparungen durch Rationalisierungsmaßnahmen in 10^3 TJ/a					
	Energie-umwandlung und -verteilung	technologische Wärmeprozesse t<400 °C	technologische Wärmeprozesse t≧400 °C	Raumheizung	sonstige Prozesse	Σ
1.0	1,22	0,13	0,16	1,00	0,38	2,89
2.0	2,36	1,19	0,55	0,69	1,25	6,04
3.0	3,15	1,78	1,69	0,29	0,85	7,76
4.0	6,51	2,38	2,29	0,11	2,14	13,43
Σ	13,24	5,48	4,69	2,09	4,62	30,12
%	43,9	18,3	15,6	6,9	15,3	100,00

Quelle: E. Scheffler u. a., Analytische und methodische Hilfsmittel zur überbetrieblichen Beeinflussung der rationellen Energieanwendung im Industriebetrieb, in: Wissenschaftliche Berichte der Ingenieurhochschule Zittau, IHZ-B-80-366, März 1980.

Das unterstreicht die Notwendigkeit einer objektiven Bewertung des energetischen Niveaus der Haupt-, Hilfs- und Nebenprozesse in den Kombinaten und Betrieben sowie begründeten Ableitung von Vorgaben zur relativen und absoluten Energieeinsparung auf der Grundlage prozeßbezogener Kosten-Nutzen-Analysen. Zur wissenschaftlichen Lösung dieser Aufgabe muß die betriebswirtschaftliche Forschung wesentlich beitragen. So wie es bei der Elektroenergieversorgung z. B. um den wirtschaftlichen Einsatz und die wirtschaftliche Belastung der im Verbund arbeitenden Kraftwerksanlagen geht, wobei eine solche Lastaufteilung gesucht wird, daß der Bedarf unter Beachtung der unterschiedlichen Ergebnis-Aufwand-Verhältnisse bei den Kraftwerksblöcken sowie verfügbaren Primärenergieträger u. a. insgesamt mit den geringsten zusätzlichen Brennstoffkosten gedeckt wird, so geht es gleichzeitig um eine kluge, differenzierte Aufgabenstellung zur Energieeinsparung.

Die Energieökonomie muß unter Beachtung der jeweiligen Möglichkeiten und Erfordernisse der Kombinate und Betriebe die sortimentsgerechte Erfüllung des Produktionsplanes bei hoher Qualität sowie die erforderliche Steigerung der Arbeitsproduktivität gewährleisten. Die optimale Verteilung der Einzelvorgaben zur Energieeinsparung wie auch der Investitionen im Interesse hoher volkswirtschaftlicher Effektivität ermöglicht der sozialistischen Gesellschaft unter den gegebenen Wirkungsbedingungen der ökonomischen Gesetze des Sozialismus die umfassende Intensivierung der gesellschaftlichen Produktion; die Vorzüge des Sozialismus und die Errungenschaften der wissenschaftlich-technischen Revolution werden entsprechend der ökonomischen Strategie der Partei organisch verbunden. Die gleiche Energieeinsparung wird mit einem im Verhältnis niedrigeren einmaligen Rationalisierungsaufwand mit energetischem Nutzen erreicht. Bei unverändertem Aufwand für die Rationalisierung der Energieverwendung wird eine höhere Energieeinsparung erzielt, und zwar in Größenordnungen, wie durchgeführte Berechnungen anhand o. g. Analyseergebnisse zeigen.

Zu den Aufgaben betriebswirtschaftlicher Forschung gehören m. E. die Entwicklung geeigneter analytischer und methodischer Hilfsmittel zur überbetrieblichen Beeinflussung der rationellen Energieanwendung im Industriebetrieb, Untersuchungen des Zusammenhanges zwischen fortschreitender Technisierung, steigender Energieausstattung der Arbeit und Steigerung der Arbeitsproduktivität und Effektivität sowie Schlußfolgerungen für die jeweils optimale Höherentwicklung der materiell-technischen Basis in den Kombinaten und Betrieben. Zugleich geht es um die weitere Vertiefung der theoretischen Grundlagen und die Entwicklung praktikabler Lösungen zur Erarbeitung und Aktualisierung von Energieverbrauchsnormativen für energieintensive Anlagen und Aggregate, die Vervollkommnung und konsequente Durchsetzung der energiewirtschaftlichen Normen- und Kennziffernarbeit in den Betrieben und Kombinaten, sowie die Planung und Abrechnung von Maßnahmen zur Energieeinsparung oder Stimulierung effektiver Energienutzung.

Je mehr das Gewicht hoher Energieökonomie in allen Bereichen des gesellschaftlichen Lebens als effektivitätsbestimmender Faktor wächst, desto mehr gewinnt ihre Durchsetzung für die wirtschaftswissenschaftliche Forschung insgesamt an Bedeutung.

K. Fenske

Exportrentabilität – ein Faktor zur Erhöhung der Effektivität der Volkswirtschaft

Das Gewicht des Außenhandels für die Durchführung der ökonomischen Politik unserer Partei wächst. Die 10 Schwerpunkte unserer ökonomischen Strategie, fast alle ökonomischen Probleme der DDR sind eng mit der Lösung der Aufgaben auf dem Gebiet des Außenhandels verbunden. Die Rolle des Außenhandels für das verfügbare Nationaleinkommen ist sprunghaft gewachsen. Die Entwicklung der Außenwirtschaft wird immer mehr zu einer Grundfrage für das gesamte volkswirtschaftliche Wachstum, für die Dynamik und Stabilität unserer Entwicklung. Dabei ist nicht neu, daß wir unsere Aufgaben unter erschwerten äußeren Bedingungen durchführen müssen. Neu sind die Maßstäbe für die notwendige Leistungssteigerung.

Ausgedehnte und intensive Außenwirtschaftsbeziehungen ermöglichen es unserem Staat, die internationale Arbeitsteilung, vor allem im Rahmen der sozialistischen ökonomischen Integration der Mitgliedsländer des RGW und besonders mit der UdSSR, für die Beschleunigung des wissenschaftlich-technischen Fortschritts, für die Sicherung einer rationellen Produktionsstruktur und einer verstärkten Konzentration der Produktion zu nutzen.

Alles das schafft Voraussetzungen dafür, die Effektivität des Reproduktionsprozesses zu erhöhen und die Proportionalität der volkswirtschaftlichen Entwicklung besser zu gewährleisten. Dem Rechnung tragend, orientiert das Programm unserer Partei darauf, die Vorzüge, die sich aus der Internationalisierung des Wirtschaftslebens und der weltweiten Arbeitsteilung ergeben, für den sozialistischen Aufbau zu nutzen. Diese volkswirtschaftliche Notwendigkeit spiegelt sich darin wider, daß die gebrauchswertmäßige Struktur des verteilbaren Endprodukts in wachsendem Umfang durch den Außenhandel verändert wird. Wurde 1970 nur rund ein Viertel des verwendeten Endprodukts durch Export und Import gebrauchswertmäßig verändert, so betrug 1980 dieser Anteil mehr als ein Drittel. An der Exportproduktion der DDR sind fast 1 Million Werktätige direkt beteiligt; unter Einbeziehung der Zulieferindustrie über 1,8 Millionen Werktätige, das ist ein Viertel aller Werktätigen im produzierenden Bereich unserer Volkswirtschaft.

Die auf das Nationaleinkommen bezogene Exportquote hat sich gegenüber 1960 fast verdoppelt und beträgt gegenwärtig rund 30%. Einige Zweige des Maschinenbaus weisen bei gleichzeitig umfangreichen Importen Exportquoten von mehr als 70% des verteilbaren Endprodukts aus. Mit einem Umfang von 120 Mrd. Valutamark im Jahre 1980 ist der Außenhandelsumsatz der DDR im abgelaufenen Fünfjahrplanzeitraum um nahezu zwei Drittel gewachsen. Er hat sich in den letzten 10 Jahren verdreifacht. Im Vergleich dazu erhöhte sich das gesellschaftliche Gesamtprodukt der DDR auf 165%, das produzierte Nationaleinkommen auf 159%. Das entspricht der Direktive des Parteitages, daß der Außenhandel wesentlich schneller wachsen muß als das gesellschaftliche Gesamtprodukt.

Der Exportzuwachs in das NSW im Jahre 1980 beweist unsere schnell gewachsene volkwirtschaftliche Leistungskraft und auch unsere Fähigkeit, diese für den Export wirksam zu machen. Die Analyse des Exportzuwachses des Jahres 1980 zeigt, daß der Erfolg in hohem Maße wiederholbar ist, eine dauerhafte Steigerung der Exportkraft widerspiegelt. Damit brachte das Jahr 1980 den Beweis, daß die Volkswirtschaft der DDR die Zahlungsbilanzprobleme lösen kann. Trotz aller Erfolge muß aber auch vermerkt werden, daß die Planziele des Fünfjahrplanes für den Export in das NSW nicht voll erreicht wurden.

International gesehen hat sich der Export der DDR durchschnittlich entwickelt. Im abgelaufenen Fünfjahrplanzeitraum stieg der Export insgesamt etwa im gleichen Tempo wie in den anderen Mitgliedsländern des RGW. Der Export in das nichtsozialistische Wirtschaftsgebiet konnte in dem gleichen Maße entwickelt werden, wie z. B. der Frankreichs, Großbritanniens oder Italiens gewachsen ist.

Das Hauptproblem der Exportentwicklung bleibt aber die Effektivitätsverbesserung. Während die Zielsetzungen für die Preisentwicklung im wesentlichen realisiert und positive Austauschverhältnisse erreicht wurden, sind zu wenig Valutaerlöse aus Strukturverbesserungen erwirtschaftet worden. Der 1. Punkt unserer ökonomischen Strategie zielt darauf, dieses Problem zu lösen.

Die vorgesehenen Zielstellungen des Fünfjahrplanes 1976–1980 zur Effektivitätsverbesserung wurden nicht erreicht. In einigen Bereichen der Volkswirtschaft, wie zum Beispiel in der Leichtindustrie, traten Strukturverschlechterungen ein, die durch zusätzliche materielle Fonds ausgeglichen werden mußten. Während für 1980 ein Anteil der metallverarbeitenden Industrie am Gesamtexport von 35% geplant war, stieg er im vergangenen Fünfjahrplanzeitraum von 26 auf nur 30%. Das Problem in dem Zusammenhang besteht darin, daß in vielen anderen Zweigen eine hohe Materialintensität oder mit anderen Worten eine niedrige Veredlung der Rohstoffe erfolgt. Als rohstoffarmes Land und bei weiter steigenden Preisen für Rohstoffe und Energie führt eine solche Strukturentwicklung zu Abstrichen vom verfügbaren Nationaleinkommen. Damit wird sichtbar, daß die Orientierung der Partei auf höhere Veredlung dem Außenhandel die Aufgabe stellt, durch qualifizierten Verkauf der hochveredelten Erzeugnisse, aktive Einflußnahme auf die Sortimentsstruktur usw. diesen Prozeß zu unterstützen. Die Effektivität des Exports entscheidet in hohem Maße über die Akkumulationskraft der Volkswirtschaft. Der Ausgleich der Zahlungsbilanzen erzwingt ein bestimmtes Exportvolumen. Bei wachsender Effektivität des Exports wird dieser Export mit relativ sinkender Warenmenge erwirtschaftet werden können; damit steht mehr für die innere Akkumulation zur Verfügung.

In entscheidendem Maße wird die Frage, wie hoch der Beitrag des Außenhandels zum verfügbaren Nationaleinkommen ist, durch die Wirksamkeit von Wissenschaft und Technik entschieden. Hier sehen wir Probleme: Der Anteil neu- und weiterentwickelter Erzeugnisse an der industriellen Warenproduktion der Industrieministerien lag in den letzten Jahren zu niedrig.

Eine Analyse des Amtes für Preise für das Jahr 1980 zeigt, daß von den neu- und weiterentwickelten Erzeugnissen zu wenig für den Export vorgesehen waren. Manche neu- und weiterentwickelten Erzeugnisse stellen nur Nachentwicklungen eines bereits vorhandenen wissenschaftlich-technischen Standes dar. Die unzureichenden Ergebnisse aus Wissenschaft und Technik für den Export, der oft nicht ausreichende technische Stand von Exporterzeugnissen haben zur Folge, daß der Export der DDR noch nicht den höheren Anforderungen entspricht.

Auf die positiven Seiten der Entwicklung des Außenhandels hatte die Bildung von Kombinaten großen Einfluß. Die Herstellung der einheitlichen Leitung des geschlossenen Reproduktionsprozesses, einschließlich der Außenhandelsfunktionen, führte dazu, daß die Verantwortlichkeit aller am Außenhandel Beteiligten sprunghaft gewachsen ist. Die Lösung der oben dargelegten Probleme verlangt die volle Ausschöpfung aller Möglichkeiten, die sich aus der einheitlichen Leitung von Wissenschaft und Technik bis hin zum Absatz ergeben. Wichtig ist hierbei, daß die neue Unterstellung der AHB dazu dienen muß, die Übereinstimmung zwischen den Markterfordernissen und der Produktion mit zu sichern.

In diesem Zusammenhang möchte ich einige Fragen aufwerfen, auf die es trotz unserer Anstrengungen derzeitig noch keine befriedigenden Antworten gibt, die aber auch mit Hilfe der Wirtschaftswissenschaftler gelöst werden müssen, wenn wir die Kraft der Kombinate besser als bisher für die unbedingt notwendige Entwicklung des Exports wirksam machen wollen.

1. Wir haben noch keine einfache und mit dem Planungsprozeß verbundene Form der Messung, die ausreichend sichtbar macht, welcher Export tatsächlich für die Volkswirtschaft nützlich und welcher weniger nützlich ist. Eine volkswirtschaftlich begründete Strukturpolitik verlangt, daß die Inlandpreise so genau wie möglich den volkswirtschaftlichen Aufwand widerspiegeln. Das ist derzeitig noch nicht der Fall. Zum Beispiel schwanken innerhalb der Erzeugnisgruppe „Fernsehelectronic" die Gewinnraten einzelner Erzeugnisse von einem Verlust von 25% bis zu einem Gewinn von 150%. Die normative Gewinnrate beträgt in diesem Fall 20%.

Die Industriepreisbildung und die Exportrentabilität dürfen nicht in Widerspruch geraten. Das Preis-Leistungs-Verhältnis sollte gute wissenschaftlich-technische Ergebnisse durch hohe Industriepreise in der Leistungsbewertung wirksam machen und gleichzeitig eine bessere Exportrentabilität durch höhere Valutapreise stimulieren. Es darf nicht zugelassen werden, daß neuentwickelte Erzeugnisse eine gleichbleibende oder sinkende Exportrentabilität haben. Darum ist es eine wichtige Aufgabe der Wissenschaftler, praktikable Lösungen zu finden, um in der Leistungsbewertung den volkswirtschaftlichen Beitrag der Kombinate zum Export und zu seiner Rentabilität zum Ausdruck zu bringen.

In den Exportbetrieben, den Kombinatsleitungen werden täglich Entscheidungen zum Exportsortiment getroffen. Es kommt darauf an, den Beteiligten die Maßstäbe zu nennen, an denen sie messen können, ob ihre Entscheidungen aus gesamtvolkswirtschaftlicher Sicht richtig oder falsch sind. Wie sonst sollen sie gesamtstaatliche Interessen berücksichtigen. Ergänzend möchte ich erwähnen, daß wir ebenfalls für die Beurteilung der volkswirtschaftlichen Vorteilhaftigkeit von Vorhaben zur Spezialisierung und Kooperation, aber auch einzelnen Vorhaben des Anlagenexports trotz unserer Anstrengungen noch keine befriedigende Lösung haben, die eine quantitative, übersichtliche Aussage ermöglicht. Der betriebliche Nutzen läßt sich leichter feststellen und hat derzeitig bei der Entscheidungsfindung stärkeres Gewicht. Zunehmend ist es auch notwendig, für wichtige Exporterzeugnisse den Aufwand in Valuta zu kalkulieren. Eine neuentwickelte Damenarmbanduhr Kaliber 33 wurde für 13,40 VM/Stück exportiert, der darin enthaltene Importaufwand betrug 19,17 VM. Das macht sichtbar, daß es noch keinen ausreichenden ökonomischen Zwang zum volkswirtschaftlich richtigen, das heißt auf die Erhöhung des verfügbaren Nationaleinkommens gerichteten Handeln gibt.

2. Die Leitung und Planung von Forschung und Entwicklung muß den Anforderungen zur Erhöhung der Effektivität und zur dynamischen Steigerung des Exports – auch in das NSW – besser als derzeit gerecht werden. Sie hat in Übereinstimmung mit dem volkswirtschaftlichen Gewicht des Exports die Durchführung von wissenschaftlich-

technischen Aufgaben zu sichern, die vorrangig Erzeugnisse, Leistungen und Verfahren zur Erhöhung des technischen Niveaus und für einen effektiven Export auch in das NSW zum Inhalt haben. Dabei ist m. E. davon auszugehen, daß das, was sich auf den NSW-Märkten bewährt, auch für den SW-Export gut und erforderlich ist. Unser technischer Stand und die Qualität sollten die Einsetzbarkeit unserer Produktion auf allen Märkten ermöglichen.

Der Preis, der auf den Weltmärkten für unsere Erzeugnisse erreicht werden kann, wird heute maßgeblich auch von dem Zeitpunkt bestimmt, zu dem das Erzeugnis lieferbar ist. Deshalb kommt es darauf an, den zeitlichen Ablauf der ständigen Erneuerung und Modernisierung der Erzeugnisstruktur und der technischen Basis planmäßig zu beherrschen, damit die bedarfsgerecht hergestellten Erzeugnisse auch zum richtigen Zeitpunkt auf die Märkte kommen. Zeit ist Geld – das gilt hier im wahrsten Sinne des Wortes. Genosse Koziolek hat auf dieses Problem hingewiesen. Meines Erachtens sollte sich die Leitung von Wissenschaft und Technik noch stärker auf qualitative Vorgaben, wie Devisenrentabilität und Marktwirksamkeit konzentrieren. Die Lösung dieser Aufgaben verlangt eine konstruktive Zusammenarbeit aller Beteiligten; sie ist wichtig, damit die neue Verantwortung und die neuen Möglichkeiten der Kombinate zum Export sich in wachsender Exportrentabilität zeigen.

W. Podewin

Höchste Wirksamkeit der materiell-technischen Basis durch die Produktion von Erzeugnissen mit maximaler volkswirtschaftlicher Effektivität

Aufbauend auf das Referat von Genossen Koziolek möchte ich zu den in der Diskussion genannten Problemen der Außenhandelseffektivität auf einige Probleme für weiteres wissenschaftliches und praktisches Vorgehen hinweisen:

1. Welche Ausgangspunkte für die Erzeugnisbewertung sind erforderlich? Es ist wesentlich stärker erforderlich, unsere tragenden Exporterzeugnisse zu bewerten sowohl aus der Sicht der Kunden (und zwar solcher, welche die volle Auswahl besitzen, die der Weltmarkt bietet) als auch aus der Sicht unserer Volkswirtschaft (d. h., nicht nur aus der Sicht des Kombinates/Betriebes und seiner direkten Erfordernisse und Möglichkeiten).

2. Zu welchem Zeitpunkt sind Ergebnisse aus der Erzeugnisbewertung erforderlich? Sie sind einerseits ständig, mit einer Mindest-Aussagekraft, erforderlich als wesentlicher Teil der permanenten erzeugniskonzeptionellen Arbeit. Diese Ergebnisse müssen signalisieren bzw. bestätigen, daß die Aufnahme der Entwicklung eines bestimmten neuen Erzeugnisses oder deren tiefe Prüfung angebracht erscheint. Sie sind andererseits, mit hoher Aussagekraft, erforderlich, wenn Planungs- und Ist-Werte für ein konkretes neues Erzeugnis benötigt werden.

Nach meiner Auffassung gibt es hierfür zwei markante Gruppen von Zeitpunkten:
- den Zeitpunkt, zu welchem die entscheidenden technischen und ökonomischen Vorgaben erfolgen – also spätestens für die Leistungsstufe K1 oder V1; bei grundsätzlichen Neuentwicklungen zusätzlich noch früher –, z. B. für die Erarbeitung einer Studie; weiter zum Zeitpunkt der Verteidigung der Vorgaben;
- die Zeitpunkte, zu denen die volle Rückkopplung durch die Praxis erstmalig und hinreichend aussagekräftig vorhanden ist.

Diese Zeitpunkte sind
- aufwandsseitig zumeist mit dem Vorliegen der Ergebnisse der technologischen Vorbereitung gegeben; die Ergebnisse der Nachkalkulation der Produktion der ersten Serie sollten jedoch zumindest auch immer geprüft werden,
- ergebnisseitig (technisch sowie anwenderbezogen technisch-ökonomisch) gegeben mit der diesbezüglichen Bewährung des neuen Erzeugnisses im Versuchsbetrieb und im Dauerbetrieb,
- ergebnisseitig (ökonomisch) bei Exporterzeugnissen erst gegeben nach einem hinreichend repräsentativen Verkauf (nach Menge der Erzeugnisse und Art des oder der Abnehmer).

3. Was sollte grundsätzlich bei der Erzeugnisbewertung berücksichtigt werden? Die folgenden Darlegungen gelten für Erzeugnisse, welche Produktionsmittel sind und eine komplexe Gebrauchswertcharakteristik besitzen, also z. B. für Erzeugnisse des Maschinenbaus. Die Bewertung der Erzeugnisse aus der Sicht des Kunden, jedoch, wie unter 2. dargelegt, bereits durch den Hersteller, ist erforderlich, um das *vorzuvollziehen,* was der Kunde ohnehin tut. Kern der durch den Kunden durchgeführten Be-

wertung von Erzeugnissen, die ihm angeboten werden, ist zumeist die Ermittlung und der Vergleich der Kosten, welche ihm bei der Herstellung seiner Produkte entstehen. Für die praktische Arbeit kommt es darauf an, eine derartige Bewertung durch Maschinenentwickler und -lieferanten überhaupt durchzuführen und im wesentlichen nach dem Kalkulationsschema und mit den Kosten bzw. Kostenrelationen durchzuführen, wie sie für repräsentative Kunden der jeweiligen Erzeugnisse gelten. Das erfordert die entsprechende Bereitschaft sowie die methodische und datenseitige (z. B. hinsichtlich der verschiedenen Abschreibungs- und Zinssätze, der Lohnkosten etc.) Befähigung der Maschinenhersteller.

Auch weitere Prämissen repräsentativer Kunden, wie unterschiedliche Arbeitskräfteressourcen oder stark differierendes Qualifikationsniveau von Arbeitskräften, müssen zusätzlich bei der Erzeugniskonzipierung für Hauptmärkte berücksichtigt werden.

Es ist davon auszugehen, daß der Kunde nur für ihn nutzbare Gebrauchswerte bezahlt. Der Gebrauchswert eines Produktionsmittels ist jedoch, sofern die zu vergleichenden Erzeugnisse im technisch gleichen Bereich liegen, insgesamt eine ökonomische Kategorie. Die unter 1. weiterhin geforderte Bewertung der Erzeugnisse aus volkswirtschaftlicher Sicht verlangt, zusätzlich zu bereits verwendeten Kennziffern, die Anwendung bestimmter Relationsziffern. Das sollten m. E. sein

$$\frac{\text{Devisengegenwert}}{\text{Selbstkosten}}; \quad \frac{\text{Devisengegenwert}}{\text{Masse des Erzeugnisses}}; \quad \frac{\text{Devisengegenwert}}{\text{Energieaufwand zur Herstellung des Erzeugnisses}}$$

Diese Kennziffern beinhalten volkswirtschaftliche Eingangs- und Ausgangsgrößen; die Quotienten sind also Effektivitätsangaben. Da die einzelnen Größen ohnehin erforderlich sind, stellt die Quotientenbildung faktisch keine zusätzliche Arbeit dar. Die Aussagekraft der Quotienten ist jedoch, innerhalb sinnvoller Bereiche angewandt, außerordentlich hoch.

4. Wie sind Durchführbarkeit und möglichst einfache Verbindung mit dem Planungsprozeß zu beurteilen? Die Beurteilung von Produktionsmitteln aus der Sicht des Kunden ist methodisch teilweise vorgearbeitet, die zugehörigen Daten sind vorhanden oder beschaffbar. Da diese Bewertung höchste Bedeutung hat

- für die Ableitung von Schlußfolgerungen für die Gestaltung der Erzeugnisse sowie wesentlicher Baugruppen, z. B. unterschiedlicher Automatisierungsstufen und
- für Erzeugnis- und Marktstrategien,

sollte sie für unsere den Export wesentlich tragenden Produktionsmittel angewandt werden. Diese Bewertung sollte neben der zur Zeit gültigen Erzeugnisbewertung durch das Amt für Standardisierung, Meßwesen und Warenprüfung erfolgen, da sie m. E. die Lücke zwischen technischer und ökonomischer Bewertung schließen könnte.

Die Bewertung von Erzeugnissen aus volkswirtschaftlicher Sicht mittels der genannten Quotienten sollte experimentell und für auszuwählende Erzeugnisgruppen – diese brauchen nicht nur Produktionsmittel zu sein – für wesentliche Märkte durchgeführt werden. Bei sinnvoller Anwendung könnte sich m. E. eine hohe und rechtzeitig stimulierende Wirkung für die Betriebe und Kombinate sowie die Nutzbarkeit für die Stimulierung des jeweiligen F/E-Kollektivs ergeben. Zugleich würden sich m. E. die Markt- und Technologiebezogenheit von Erzeugnisentwicklern und -herstellern, deren material- und energieaufwandsparendes Arbeiten, auch im ständigen internationalen Vergleich, sowie das Effektivitätsdenken erhöhen.

R. Heinrich

Zur Entwicklung der materiell-technischen Basis der sozialistischen Landwirtschaft in den 80er Jahren

Die Wirtschaftsstrategie der 80er Jahre erfordert eine neue Qualität des Intensivierungsprozesses, die durch den Übergang zum ressourcensparenden Reproduktionstyp in der Volkswirtschaft geprägt wird. Davon wird auch die Landwirtschaft nicht ausgenommen, auch hier muß die Produktion schneller steigen als der Aufwand an lebendiger und vergegenständlichter Arbeit. Unter den veränderten inneren und äußeren Reproduktionsbedingungen kommt es auch in diesem Bereich der Volkswirtschaft darauf an, mehr und mehr zum ressourcensparenden Reproduktionstyp überzugehen. In diesem Prozeß wirken in der Landwirtschaft zwei Tendenzen aufeinander:

Einerseits wirken zwangsläufig fondserhöhend die notwendige Fortführung der Mechanisierung zur Schließung der Mechanisierungslücken und zur Ablösung der auf einigen Gebieten noch vorhandenen schweren körperlichen Arbeit, insbesondere in der Tierproduktion, der notwendige Ersatz von lebendiger Arbeit durch vergegenständlichte Arbeit überhaupt sowie Erfordernisse zur Produktionssteigerung und der weitere schrittweise Übergang zu industriemäßiger Produktion durch die dafür erforderlichen materiellen Mittel (Bauten, Ausrüstungen, Material, Energie u.a.m.).

Andererseits entsteht auch für die Landwirtschaft aus dem objektiven, volkswirtschaftlichen Zwang das Erfordernis, in vielfältiger Weise fondssparend zu reproduzieren. Und es gibt dafür viele bisher nicht genügend bzw. unzureichend genutzte Möglichkeiten.

Dabei ist die Situation in den beiden großen Bereichen der Landwirtschaft, in der Pflanzenproduktion und in der Tierproduktion, sehr unterschiedlich. Während in der Pflanzenproduktion, wo sich der Übergang zur industriemäßigen Produktion auf *großer Breite* allmählich vollzieht, in den 70er Jahren auch entsprechend in allen Betrieben deutliche Fortschritte in der Entwicklung der materiell-technischen Basis, vor allem bei Maschinensystemen für die einzelnen Arbeitsprozesse der Hauptkulturen, erreicht wurden, jedoch diese Herausbildung kaum für einen ganzen Betrieb oder Betriebsteil bereits vollendet ist, vollzogen sich spürbare Fortschritte bei der Herausbildung der materiell-technischen Basis, insbesondere für eine industriemäßige Tierproduktion nur punktuell. Sie betrafen vor allem einzelne Betriebe (KIM, VEG, ZBE) oder Betriebsteile von LPG. Dort wurde dann oft – im Unterschied zur Entwicklung in der Pflanzenproduktion – das Maschinensystem bzw. die Anlage komplex herausgebildet und der Übergang zur industriemäßigen Produktion vollzogen.

Aus diesem Grunde gibt es bei Agrarökonomen unterschiedliche Reaktionen auf die Forderung, auch in der Landwirtschaft mehr und mehr zum fonds- und ressourcensparenden Reproduktionstyp überzugehen. Während es hinsichtlich der Möglichkeit des Übergangs zu diesem Typ der Reproduktion in der Pflanzenproduktion in größerem Maße Übereinstimmung gibt, halten manche Agrarökonomen es noch nicht für möglich, in der Tierproduktion zu diesem Reproduktionstyp überzugehen.

Wir sind der Auffassung, daß es auch in der Tierproduktion erforderlich und möglich ist, alles zu tun, damit die fondssparende Tendenz im Reproduktionsprozeß durchgesetzt wird. Wir stützen uns dabei auf die Tatsache, daß bereits 22% der Großtierbestände in industriemäßigen bzw. modernen Anlagen der Tierproduktion gehalten werden, die ein Drittel der gesamten Grundfonds in diesem Bereich umfassen. Bei weiteren 20 bis 30% der vorhandenen Stallanlagen ist die Möglichkeit gegeben, durch Rationalisierung und Rekonstruktion auf fondssparendem Wege weitgehend industriemäßige Bedingungen der Produktion zu erreichen.

Der Übergang zur industriemäßigen Tierproduktion ist ein Prozeß mit historischen Dimensionen, er erfordert einen sehr langen Zeitraum. Man kann unter diesen Bedingungen nicht warten, bis auch in der letzten LPG die Produktion auf diese neue Art und Weise erfolgt, bis im letzten Dorf die herkömmlichen Stallanlagen durch industriemäßig produzierende Anlagen abgelöst sind, um dann zum fondssparenden Typ der Reproduktion überzugehen. In den vorhandenen fast 900 Anlagen industriemäßiger Produktion muß der fonds- und ressourcensparende Typ der Reproduktion bereits gegenwärtig verwirklicht werden. Gleiches gilt für die 20–30% der vorhandenen Altbausubstanz in der Rinder- und Schweineproduktion, in denen über die Rekonstruktion technologische und organisatorische Elemente industriemäßiger Produktion und auch industriemäßig produzierende Tierproduktionsanlagen geschaffen werden können.

Zur weiteren Entwicklung der materiell-technischen Basis der Tierproduktion in den 80er Jahren ist zu bemerken, daß die neue Qualität der Intensivierung, die es in Verwirklichung der Wirtschaftsstrategie des X. Parteitages der SED auch in der Tierproduktion zu erreichen gilt, darin besteht, eine noch engere Verknüpfung mit der Rationalisierung zu gewährleisten, so daß durch die Rationalisierung und Rekonstruktion eine effektivere Nutzung der zur Verfügung stehenden Fonds erreicht und die materiell-technische Basis der Tierproduktion in der Breite aller Betriebe gestärkt wird und diese Maßnahmen auf das engste mit dem schrittweisen Übergang zu industriemäßigen Produktionsmethoden verbunden sind.

So kann mit den Intensivierungsmaßnahmen zugleich ein wesentlich höherer Rationalisierungseffekt erreicht werden. Das erfordert, die stets begrenzt verfügbaren Investitionsmittel in wesentlich höherem Maße als in der vorangegangenen Zeit für die Rationalisierung einzusetzen. Mehr und mehr wird die Rationalisierung, einschließlich der Rekonstruktion, Hauptweg der intensiv erweiterten Reproduktion. Sie bestimmt zunehmend den Inhalt der Intensivierung der Tierproduktion und erlangt große Bedeutung für den Übergang zu industriemäßigen Methoden. Das ist jedoch nicht ohne Auswirkung auf Wege, Tempo und Formen des Übergangs zur industriemäßigen Tierproduktion.

Bezüglich der Forderung des X. Parteitages der SED, die Investitionen verstärkt für die Rationalisierung einzusetzen, gibt es mitunter noch nicht volle Klarheit in Hinsicht auf die weiteren Schritte zur industriemäßigen Tierproduktion. Diese Forderung des X. Parteitages bedeutet keineswegs, das programmatische Ziel aufzugeben, im Zusammenhang mit der weiteren Intensivierung zur Anwendung industriemäßiger Produktionsmethoden in der Landwirtschaft überzugehen.

Die in der Praxis bewiesene Überlegenheit der industriemäßigen Produktion auf der Grundlage der umfassenden Anwendung und Beherrschung des wissenschaftlich-technischen Fortschritts ist in der kommenden Etappe dahingehend zu berücksichtigen, daß dieser Effekt eine maximale Breitenanwendung erfährt. Der Hauptweg dafür ist die zweckmäßige Gestaltung der Rationalisierung und Rekonstruktion der vorhandenen herkömmlichen Tierproduktionsanlagen.

Beim Übergang zur industriemäßigen Tierproduktion wurde zu Beginn der 70er

Jahre der Weg beschritten, vor allem über den Neubau komplex mechanisierter Tierproduktionsanlagen die Produktionsbedingungen entscheidend zu verbessern und zur industriemäßigen Produktion überzugehen. Die Investitionsaufwendungen pro Tierplatz bei diesen Anlagen stiegen jedoch schneller, als die Volkswirtschaft die Investitionen für die Tierproduktion erhöhen konnte. Ursachen dafür waren veränderte Bauweise, größere Spannweiten der Stallanlagen, neue Verfahrenstechniken, ein gewisser Hang zur Perfektion und auch gestiegene Baupreise. Es wurden mit den zur Verfügung stehenden Investitionen immer weniger Tierplätze im Jahr fertiggestellt. Die erreichten Verbesserungen der Produktions- und Arbeitsbedingungen, die Überwindung körperlich schwerer Arbeit und die Einsparung an lebendiger Arbeitskraft wurden so mit einem zu hohen Aufwand an vergegenständlichter Arbeit erzielt. Daraus resultiert unter den veränderten Reproduktionsbedingungen der 80er Jahre folgendes Grundproblem:

Bei der langfristigen Gestaltung der materiell-technischen Basis der Tierproduktion muß das strategische Gesamtziel, die schrittweise Umgestaltung der herkömmlichen Art und Weise der Produktion zu industriemäßigen Produktionsmethoden, bei effektivstem Einsatz der Fonds sowie hohem Tempo der Umgestaltung unter den gegebenen volkswirtschaftlichen Möglichkeiten angestrebt werden. Das erfordert insbesondere, den gesellschaftlichen Aufwand (Material und Energie) für die Einsparung an lebendiger Arbeit und für höhere Tierleistungen auf das mögliche Minimum zu bringen, so daß die fondssparende Tendenz im Reproduktionsprozeß überwiegt. Das ist die Grundbedingung dafür, daß bei wachsender Tierleistung und größerem Produktionsvolumen das Verhältnis von Aufwand und Ergebnis je Erzeugniseinheit wesentlich verbessert werden kann.

Bei der Bestimmung des weiteren Weges zur Vervollkommnung der materiell-technischen Basis in der Tierproduktion war zu beachten, daß die weitere Produktions- und Produktivitätssteigerung auf großer Breite die wichtigste Aufgabe in den 80er Jahren sein wird. Es war ein solcher Weg zu wählen, daß die Masse der rund 3450 Tierproduktionsbetriebe an dieser Entwicklung teilhaben kann und so der wissenschaftlich-technische Fortschritt für einen größeren Teil der Tierproduktionsbetriebe als bisher ermöglicht wird. Insbesondere geht es darum, einen maximalen Anteil herkömmlicher Stallanlagen über ihre Rationalisierung und Rekonstruktion in die industriemäßige Produktion zu überführen. Je nach Tierart und Haltungsstufe eignen sich etwa 20 bis 30% der vorhandenen Altbausubstanz in der Rinder- und Schweineproduktion für eine Überführung in die industriemäßige Produktion. Das ist ein beträchtlicher Teil der gegenwärtig in der DDR fungierenden 19000 herkömmlichen Anlagen. Durch zweckmäßige Rekonstruktion der größen- und lagemäßig geeigneten Ställe herkömmlicher Tierproduktion mit dem Ziel der Erweiterung ihrer Kapazität, ihrer Annäherung an das Niveau der modernen Anlagen industriemäßiger Produktion sowohl in wisssenschaftlich-technischer als auch in technologisch-organisatorischer Hinsicht, in der Arbeitsproduktivität und in den Arbeitsbedingungen ist das zu erreichen. Weitere Ställe können durch Rekonstruktion und ihre Anpassung bzw. Angliederung an bereits bestehende industriemäßige Anlagen in die industriemäßige Art und Weise der Produktion einbezogen werden.

Beim weiteren Fortschreiten zur industriemäßigen Tierproduktion in den nächsten Fünfjahrplanzeiträumen wird ebenfalls die Rekonstruktion der seit Ende der 60er Jahre gebauten großen industriemäßigen Anlagen unter Nutzung der Ergebnisse des wissenschaftlich-technischen Fortschritts erforderlich werden.

Solange jedoch die große Differenziertheit in den Produktions- und Arbeitsbedingungen der Tierproduktion besteht, sind die Anstrengungen verstärkt darauf zu richten, die vorhandenen modernen Ausrüstungen in industriemäßigen Anlagen über die vorgesehene Nutzungsdauer hinaus anzuwenden. Je länger die industriemäßigen Anlagen ohne Ersatzinvestitionen zuverlässig produzieren, desto größere Fortschritte können in der Breite der Rationalisierung und Rekonstruktion herkömmlicher Anlagen erreicht werden. In den Jahren nach 1990 wird auch die Errichtung neuer Anlagen wieder von Bedeutung sein.

Der Übergang zur industriemäßigen Tierproduktion vollzieht sich somit als Einheit von Rekonstruktion vorhandener Bausubstanz für die industriemäßige Produktion und der Errichtung von neuen industriemäßigen Anlagen. Falsch wäre es daher, die Rekonstruktion dem Neubau von Anlagen gegenüberzustellen. Der Übergang zur industriemäßigen Produktion schließt beides ein. In den achtziger Jahren wird der Weg zur industriemäßigen Produktion über die komplexe Rekonstruktion den absoluten Schwerpunkt bilden. Das ergibt sich aus der Orientierung des X. Parteitages der SED. „Alle Schritte zur Intensivierung der Agrarproduktion, der Rationalisierung und Rekonstruktion sind dabei aufs engste mit der effektiven Nutzung und weiteren Stärkung der materiell-technischen Basis der Landwirtschaft und deren schrittweisem Übergang zu industriemäßigen Produktionsmethoden zu verbinden.“[1] Zur Durchsetzung der Linie des X. Parteitages der SED in der Agrarpolitik muß engen Vorstellungen über die Erfordernisse und Wege des Übergangs zu industriemäßigen Produktionsmethoden beständig entgegengewirkt werden.

Zu überwinden sind solche Auffassungen, daß wir, weil in der Landwirtschaft gegenwärtig keine neuen Großanlagen in der Tierproduktion errichtet werden, auch nicht mehr den Weg des Übergangs zur industriemäßigen Art und Weise der Produktion verfolgen. Aus der Tatsache, daß für fonds- und materialaufwendige Projekte der 1. Anlagegeneration ein Baustopp ausgesprochen wurde, daß mit den neuen Stimulierungsmaßnahmen Preiszuschläge für die Produktion aus industriemäßigen Anlagen stärker an Qualitätsparameter geknüpft werden, resultieren m. E. derartige falsche Auffassungen.

Die Ursachen liegen jedoch auch in z. T. vorhandenen Vorstellungen, daß das Ziel des Übergangs zu industriemäßiger Produktion nur über den Neubau von industriemäßigen Anlagen, nur auf der Grundlage zentraler Projekte, bestimmter Konzentrationsgrade und Größenordnungen oder nur auf der Grundlage kompletter Neuausrüstung von Betrieben mit der modernen Technik zu erreichen sei. Derartige Auffassungen engen den Blick ein für die Rationalisierung, für die objektive ökonomische Notwendigkeit, mit den verfügbaren Mitteln vor allem das vorhandene Produktionspotential wirksamer zu machen und es soweit wie möglich auf die Stufe industriemäßiger Produktion zu entwickeln. Und dies ist erreichbar durch die Rekonstruktion der vorhandenen Tierproduktionsanlagen, die Modernisierung der entsprechenden Ausrüstungen bzw. die Komplettierung der jeweiligen Maschinensysteme zur Milchgewinnung, Fütterung, Entmistung. Dieser Weg gewährleistet, daß der wissenschaftlich-technische Fortschritt nicht nur punktuell, sondern in großer Breite in der Landwirtschaft wirksam wird und durch qualitative Veränderungen der vorhandenen Produktionsstätten bzw. Ausrüstungen (und somit der Produktionsprozesse) Arbeitszeit, Arbeitsplätze und materielle Fonds je Erzeugniseinheit gespart, das Produktionsvolumen vergrößert und die Arbeitsbedingungen verbessert werden. Das ist vor allem für

1 Vgl. Direktive des X. Parteitages der SED zum Fünfjahrplan für die Entwicklung der Volkswirtschaft der DDR in den Jahren 1981 bis 1985. Berlin 1981, S. 48.

die Tierproduktion von besonderer Bedeutung, weil damit die Masse der Genossenschaftsbauern und Landarbeiter auf diesem Gebiet am sozialen Fortschritt teilhaben, ihre Initiative gefördert wird und in einer Reihe von Fällen die Voraussetzungen für die weitere Nutzung von alten Produktionsstätten überhaupt geschaffen werden. Aus diesen und weiteren Gründen muß das Bemühen verstärkt werden, über die Rationalisierung, speziell über die Rekonstruktion, technologische und organisatorische Elemente industriemäßiger Produktion in die vorhandenen Stallsubstanzen einzuführen und schrittweise zu ganzen Produktionseinheiten industriemäßiger Produktion zu kommen.

Es wird immer dringender, insbesondere auf Grund der veränderten Reproduktionsbedingungen, der rationelleren Nutzung der Naturbedingungen und natürlichen Wachstumsfaktoren, unsere theoretischen Auffassungen, unser Kategoriengebäude auf diesem Gebiet zu präzisieren und zu vervollkommnen.

In welcher Richtung müßte das geschehen?

1. Bisher wurde nur der industrielle, der ökonomische Prozeß erfaßt und dargestellt, jedoch nicht der biologische, der Naturprozeß. Jedoch nur in der Einheit von ökonomischem und natürlichem Prozeß sich vollzieht der agrare Produktions- und Reproduktionsprozeß. Die Tatsache, daß biologische Systeme Grundlage industriemäßiger Produktion in der Landwirtschaft sind und die daraus resultierende effektivste Nutzung der Naturfaktoren als Gratisproduktivkräfte muß unbedingt Eingang in die Charakterisierung industriemäßiger Produktion finden.

2. Die Rolle des Bodens als Hauptproduktionsmittel und seine Eigenschaften, wie die Bodenfruchtbarkeit, gehören ebenfalls zur industriemäßigen Produktion. Alle übrigen Elemente der materiell-technischen Basis der Pflanzenproduktion, alle Maßnahmen der Betriebs-, Produktions- und Arbeitsorganisation müssen dieser Tatsache Rechnung tragen und so gestaltet sein, daß die Erhaltung und erweiterte Reproduktion der Fruchtbarkeit des Bodens gefördert wird.

3. Die Fragen der Erhöhung der Produktivität, der Effektivität der agraren Produktion im Ergebnis des Übergangs zur industriemäßigen Produktion und damit die ökonomische Zielsetzung dieses Prozesses – im Sinne des Primats der Ökonomie gegenüber der Technik – gehören ebenfalls in die Merkmale industriemäßiger Produktion.

4. Der territoriale Aspekt, der auf Grund der räumlichen Ausdehnung der Pflanzenproduktion und im Zusammenhang mit dem Futteraufkommen für die Tierproduktion eine große Rolle spielt – Transportaufwand –, ist wegen seiner großen Bedeutung ebenfalls einzubeziehen.

5. Eine wichtige Rolle spielt auch die Frage des Weges zur industriemäßigen Produktion in diesen Merkmalen. Ich möchte hier nur auf das Problem der Einheit von Rekonstruktion und Neubau verweisen. Zu überwinden sind solche Auffassungen, daß erst ab einer bestimmten Konzentration, z. B. 2000 Kühe, 4000 Jungtiere oder 6000 Mastschweine usw., in einer Anlage von industriemäßiger Produktion gesprochen werden kann. Selbstverständlich setzt industriemäßige Produktion, insbesondere in der Tierproduktion, eine bestimmte Konzentration von Tieren voraus. Jedoch zeigt die Praxis der Industrie, daß nicht nur Großbetriebe als Industriebetriebe anerkannt werden; bekanntlich gibt es auch Klein- und Mittelbetriebe von ihrer Konzentrationsgröße her, die industriell produzieren. Es kann nicht in erster Linie die Größe einer Anlage das Kriterium dafür sein, ob dort industriemäßig produziert wird, sondern nur die Art und Weise der Produktion, die Produktivität kann und muß dafür herangezogen werden. Dabei muß stärker noch die Tatsache berücksichtigt werden, daß sich der Prozeß des Übergangs zur industriemäßigen Produktion in Etappen

vollzieht. Der Begriff des allmählichen, schrittweisen Übergangs ist nicht nur auf die historische Dimension in der gesamten Landwirtschaft, sondern auch auf den einzelnen Betrieb, auf einzelne Produktionsanlagen auszudehnen. Die Einführung von organisatorischen und technologischen Elementen industriemäßiger Produktion auf dem Wege der Rationalisierung und Rekonstruktion weist auf das Problem hin. Industriemäßige Produktion ist ebenfalls nicht gleichzusetzen mit einer absoluten Perfektion. Einfache Bauweise, Ausnutzung des Tageslichts, der Abwärme und Abluft der Ställe zur Beheizung und Beleuchtung sind mit industriemäßiger Produktion genauso vereinbar wie Klimaanlage oder Belüftungsanlagen in bisherigen Neubauten der 1. Generation industrieller Tierproduktion.

H. Reimann

Zu einigen Problemen der Entwicklung der materiell-technischen Basis in der Landwirtschaft

In der Landwirtschaft ist, ebenso wie in der gesamten Volkswirtschaft, der Ausbau und die Stärkung der materiell-technischen Basis auf eine stabil steigende Produktion und ein stetiges Wachstum der Arbeitsproduktivität gerichtet. Als untrennbarer Bestandteil des Intensivierungsprozesses ist die Entwicklung und Vervollkommnung der materiell-technischen Basis gleichzeitig ein entscheidender Faktor der schöpferischen Verwirklichung des Leninschen Genossenschaftsplanes für die Entwicklung der sozialistischen Landwirtschaft.

Auch in den 80er Jahren geht es mit der weiteren Stärkung der materiell-technischen Basis in der Landwirtschaft gleichzeitig um die Festigung des genossenschaftlichen Eigentums mit der praktischen Konsequenz, den größten Teil der Investitionen der Landwirtschaft in der genossenschaftlichen Produktion, den LPG Pflanzen- und Tierproduktion einzusetzen.

Als Resultat und Bedingung des Intensivierungsprozesses ist die materiell-technische Basis die entscheidende materielle Bedingung für eine hohe und steigende Arbeitsproduktivität. Dabei ist auch in der Landwirtschaft der Übergang zu einem höheren Niveau der Arbeitsproduktivität mit dafür notwendigen, mehr oder minder tiefgehenden technischen und technologischen Umwälzungen verbunden.

Solche Erfahrungen zeigen sich im Intensivierungsprozeß in Verbindung mit dem schrittweisen Übergang zu industriemäßigen Produktionsmethoden in der Landwirtschaft. Etwa ab Mitte der 60er Jahre haben der wissenschaftlich-technische Fortschritt und der Ausbau der materiell-technischen Basis in der Landwirtschaft dazu geführt, daß gegenüber den vorhergehenden Zeiträumen ein wesentlich höheres Wachstum der Arbeitsproduktivität erreicht wurde. So wuchs die Arbeitsproduktivität der Landwirtschaft (Nettoproduktivität) insgesamt im Durchschnitt von 1966 bis 1970 um 5,5% gegenüber dem Durchschnitt der Jahre von 1961 bis 1965; sie wuchs im Durchschnitt von 1971 bis 1975 um 3,4% gegenüber dem Durchschnitt der Jahre 1966 bis 1970. Verbunden damit war ein relativ hohes Wachstum der Grundfonds. Sie nahmen von 1960 bis 1970 um 64% zu und führten zu einem Wachstum der technischen Zusammensetzung (Grundfonds/Arbeitskräfte) von 16,4 TM auf 38,7 TM 1970 (= 236%). Durch den Rückgang der Arbeitskräfte wuchs die Grundfondsausstattung je Arbeitskraft wesentlich schneller als die Grundfonds.

Diese Periode der Intensivierung und des Ausbaus der materiell-technischen Basis ist von einer starken Freisetzung von Arbeitskräften gekennzeichnet. Die Ökonomie der lebendigen Arbeit stieg schneller als die der vergegenständlichten Arbeit. Sie war mit neuen technischen und technologischen Lösungen, insbesondere durch produktivere Ernteverfahren in der Pflanzenproduktion verbunden.

Die folgende Stufe der Intensivierung, die etwa Anfang der 70er Jahre begann, setzte die Einführung neuer Technik in die Pflanzenproduktion fort. In dieser Periode beginnt in der Pflanzenproduktion der verstärkte Ausbau der Melioration, Lagerhaltung und Konservierung, der durch die Besonderheiten der Landwirtschaft objektiv notwendig ist, um die Stabilität der Erträge zu erhöhen und die Ernte- und Konservierungsverluste zu senken. Etwa 35% aller aktivierten Investitionen wurden 1970–1980 dafür eingesetzt.

Dieser notwendige Ausbau der materiell-technischen Basis, der z. B. mit der Schaffung von 20,2 Mio m^3 Gärfuttersiloraum, 2058 kt Lager für Mineraldünger und 986 kt Lager für Kartoffeln verbunden war, war insgesamt sehr fondsaufwendig und stellt dem Wesen nach eine extensive Erweiterung der materiell-technischen Basis dar, die in erster Linie auf die Ökonomie der vergegenständlichten und weniger auf die Ökonomie der lebendigen Arbeit wirkt.

Dieser notwendige extensive Ausbau der materiell-technischen Basis der Pflanzenproduktion führte von 1970 bis 1980 zu Veränderungen der Struktur der Grundfonds in der Pflanzenproduktion. Der Anteil mobiler Technik ging von 49,8 auf 33,4% zurück, der Anteil der Meliorationen blieb mit 32,9 bzw. 33,2% fast gleich und die Lagerung und Konservierung u. a. stieg von 17,3 auf 33,4% an. Der verstärkte Ausbau der materiell-technischen Basis der Pflanzenproduktion war notwendig, um die Produktionskette Boden – Pflanze – Tier effektiver zu gestalten. Darauf ist auch die vorrangige Entwicklung der Pflanzenproduktion gerichtet, deren Anteil an den Grundfonds der Landwirtschaft sich im Ergebnis des vorrangigen Einsatzes der Investitionen von 39,3% 1970 auf 49,2% 1980 erhöhte.

Der Einsatz der Investitionen und der Ausbau der materiell-technischen Basis in der Tierproduktion war in den 70er Jahren durch den verstärkten Übergang zu neuen Lösungen der industriemäßigen Tierproduktion charakterisiert. Das erfolgte zum großen Teil durch Neubau, aber auch durch Rationalisierung vorhandener Ställe. Im Ergebnis dessen konnte der Anteil der in modernen Anlagen gehaltenen Tiere z. T. beträchtlich erhöht werden. So stieg er bei Kühen auf 16%, bei Jungrindern auf 45%, in der Schweineaufzucht auf 26%, in der Schweinemast auf 29% und in der Eierproduktion auf 38%.

In der Tierproduktion wurden rund 40% aller Investitionen der Landwirtschaft eingesetzt. Damit wurden insgesamt 710,4 T Kuhplätze, 696,4 T Jungrinderplätze, 359,4 T Mastrinderplätze, 353,6 T Sauenplätze und 1448,9 T übrige Schweineplätze geschaffen. Im Umfang der geschaffenen Kapazitäten wurden alte verschlissene Ställe ausgesondert bzw. Tiere aus der individuellen Haltung in die gesellschaftliche Wirtschaft übernommen.

Betrachten wir die geschaffenen Kapazitäten im Verhältnis zu den Tierbeständen 1980, so wurden in 10 Jahren die Plätze für 30% des Rinderbestandes und für 14% des Schweinebestandes reproduziert. Gemessen am Bestand 1980 dienten die Investitionen bei Rindern zu 70% der einfachen Reproduktion und bei Schweinen lagen sie nur bei 55% des Bestandszuwachses (der in den sozialistischen Betrieben 3260 T Stck. ausmachte). Wertmäßig jedoch ist eine bedeutende Erweiterung der Grundfonds zu verzeichnen. Insgesamt war von 1970–1980 ein Zuwachs auf 163% zu verzeichnen (Preise des Jahres 1966). Mehr als 80% der Investitionen wirkten 1970–1980 als Grundfondszuwachs.

Die Tendenz des wertmäßig schnelleren Wachstums gegenüber dem Wachstum an Gebrauchswerten hängt u. a. mit bestimmten Widersprüchen zwischen Gebrauchswert und Preis zusammen. Sie zeigen sich auch beim Vergleich der Kapazitäten mit der Grundfondsentwicklung. So stiegen beispielsweise die Kapazität bei Gewächshäusern auf das 5fache, die Grundfonds auf auf 8,5fache. Bei Gärfuttersilos ist das Verhältnis 2,3 : 5,4, bei Mineraldüngerlager 2 : 6,2 und bei Tierproduktionsanlagen 1 : 1,8. Charakteristisch für den Ausbau der materiell-technischen Basis der Landwirtschaft war der relativ geringe Anteil an Ausrüstungsinvestitionen. Das führte zu einem Rückgang des Anteils der Ausrüstungen an den Grundfonds von 34,4% 1970 auf 31,1% 1980.

Es braucht nicht weiter betont zu werden, daß bei einem Grundfondszuwachs, bei dem ¾ allein auf Bauten entfallen, die Wirksamkeit des einmaligen Aufwandes auf die Ökonomie der lebendigen Arbeit relativ gering ist. 1980 erreichten wir eine Grundfondsausstattung je Arbeitskraft von 72 TM, aber nur 22,3 TM davon sind Ausrüstungen. In der relativ geringen Ausstattung der Arbeitskraft mit Ausrüstungen liegt eine der Ursachen dafür, daß ab Mitte der 70er Jahre das Wachstum der Arbeitsproduktivität in der Landwirtschaft unter dem Wachstum der Produktion blieb und damit die objektive Grundlage für die absolute Freisetzung von Arbeitskräften nicht mehr gegeben war. Alles in allem zeigt sich also, daß in den 70er Jahren die Hauptrichtung im Ausbau der materiell-technischen Basis bei den Grundfonds im einmaligen Fondsvorschuß bei Produktionsbauten lag.

Mit dieser Entwicklung ging eine wesentliche Ausdehnung des Produktionsmitteleinsatzes aus Vorleistungen einher. Die Vorleistungen der Volkswirtschaft für die Landwirtschaft stiegen von 1970 bis 1980 auf 172,3%. Diese Tendenz ist gesetzmäßig mit der Intensivierung und dem Übergang zur industriemäßigen Produktion verbunden. Nach unseren Berechnungen stieg der Anteil des Materialverbrauchs (einschließlich produktiver Leistungen) aus Vorleistungen am Materialverbrauch der sozialistischen Landwirtschaftsbetriebe von 26,4% 1970 auf 44,8% 1980.

In den LPG der Pflanzenproduktion entfallen drei Viertel aller laufenden Aufwendungen auf Vorleistungen aus der Volkswirtschaft sowie auf den landwirtschaftlichen Vorleistungsbereich. Auch daraus wird deutlich, daß bei dieser Stufe der Vergesellschaftung der landwirtschaftlichen Produktion ihre weitere Intensivierung Sache der gesamten Volkswirtschaft ist, wie das auch der X. Parteitag betonte.

Insgesamt muß man sagen, daß die bisher charakterisierte Stufe der Intensivierung und der Ausbau der materiell-technischen Basis noch bis Anfang der 80er Jahre fortwirkt, bis solche fondsintensive Vorhaben wie das Silobauprogramm oder der Bau von Dung- und Güllelagerstätten u. a. abgeschlossen sind. Ich habe die bisherige Entwicklung etwas breiter dargestellt, um die Aufgaben und die neuen Maßstäbe deutlicher zu machen, die der X. Parteitag der SED an die Stärkung der materiell-technischen Basis der Landwirtschaft im Zusammenhang mit der weiteren Intensivierung und dem schrittweisen Übergang zu industriemäßigen Produktionsmethoden in den 80er Jahren stellt. Die Aufgabe besteht darin, auf der Grundlage des Erreichten eine neue Stufe der Intensivierung und der Stärkung der materiell-technischen Basis zu erreichen, die vor allem dadurch charakterisiert ist, die Intensivierung und den schrittweisen Übergang zu industriemäßigen Produktionsmethoden als einheitlichen Prozeß mit der Beschleunigung des wissenschaftlich-technischen Fortschritts und der Stärkung der materiell-technischen Basis zu verwirklichen. Das bedeutet vor allem, die materiell-technische Basis der Landwirtschaft so zu entwickeln, daß die qualitativen Faktoren für die Steigerung und Stabilisierung der Hektarerträge und der Leistungen der Tiere wirksamer gemacht werden und ein höheres Niveau und größeres Wachstum der Arbeitsproduktivität und die Verbesserung der Material- und Energieintensität erreicht werden.

Der weitere Ausbau der materiell-technischen Basis muß auf die Lösung der Aufgaben der Landwirtschaft zur Versorgung der Bevölkerung mit Nahrungsmitteln und der Industrie mit Rohstoffen auf dem Wege einer umfassenden Verwirklichung der intensiven Reproduktion in Übereinstimmung mit den inneren und äußeren Bedingungen unserer gesellschaftlichen Entwicklung gerichtet sein. Dabei stehen folgende Aufgaben im Mittelpunkt:

Erstens kommt es darauf an, das große Potential vorhandener Grundfonds und die vorgesehenen Investitionen wirksamer mit der Ausnutzung der Naturbedingungen der landwirtschaftlichen Produktion zu verbinden, um den Boden als Rohstoffquelle noch besser für stabil steigende Erträge zu nutzen und die Leistungen der Tiere zu erhöhen. Wichtigstes Kettenglied für die neue, auf eine höhere Ökonomie der lebendigen und vergegenständlichten Arbeit gerichtete Stufe der Intensivierung ist die bessere Nutzung des biologischen Potentials der landwirtschaftlichen Nutzpflanzen und Nutztiere auf der Grundlage der verfügbaren Ressourcen an Arbeitskräften, Energie und aller produktiven Fonds durch die zielstrebige Anwendung des wissenschaftlich-technischen Fortschritts. Die Investitionen gilt es vorrangig so einzusetzen, daß die Wirksamkeit der vorhandenen Grundfonds besonders für die Steigerung der Getreide- und Futterproduktion sowie für eine effektivere Futterverwertung in der Tierproduktion erhöht und der Zyklus Boden – Pflanze – Tier effektiver gestaltet wird. Der vorrangige Einsatz der Investitionen in der Pflanzenproduktion muß vor allem darauf wirken, die Voraussetzungen für die Ablösung von Getreideimporten für die Tierproduktion zu schaffen.

Zweitens erweist es sich für die Reproduktion der Grundfonds insgesamt als grundlegende Aufgabe, die einfache Reproduktion entschieden stärker in den Mittelpunkt zu stellen und die sozialistische Rationalisierung zur Hauptform der Grundfondsreproduktion entschieden stärker in den Mittelpunkt zu stellen und die sozialistische Rationalisierung zur Hauptform der Grundfondsreproduktion zu machen. Auf diesem Wege gilt es, die umfangreichen Grundfonds zu modernisieren und ständig zu erneuern. Das trifft vor allem für die Ausrüstungen und besonders die mobile Technik zu, die es im Prozeß der Intensivierung und des schrittweisen Übergangs zu industriemäßigen Produktionsmethoden ständig auf den neuesten Stand von Wissenschaft und Technik zu bringen gilt. Bei wertmäßig einfacher Reproduktion gilt es durch den wissenschaftlich-technischen Fortschritt Quellen für höhere Leistungen vor allem durch Komplettierung vorhandener Technik, z. B. mit Anhängegeräten, die Schließung von Mechanisierungslücken in der Pflanzen- und Tierproduktion, zur Sicherung der agrotechnischen Termine und der notwendigen Betreuungsintensität in der Tierhaltung zu erschließen.

Drittens besteht eine grundlegende Aufgabe der weiteren Intensivierung, der Stärkung der materiell-technischen Basis besonders der Grundfonds darin, vor allem die materiellen Voraussetzungen für ein höheres Wachstum und steigendes Niveau der Arbeitsproduktivität in der Landwirtschaft zu schaffen. Nur auf diesem Weg wird es möglich, das gegenwärtige Arbeitskräftedefizit und die z. T. sehr hohe Überstundenbelastung zu beseitigen. In dieser Richtung gilt es, die Forderung des X. Parteitages zu verwirklichen, das Verhältnis von Bau zu Ausrüstungen bei den Investitionen umzukehren, den Anteil der aktiven Grundfonds somit zu erhöhen. Schwerpunktmäßig ist die Mechanisierung aller agrobiologischen, -technischen und -chemischen Arbeitsgänge planmäßig zu vervollkommnen, und zwar durch die Entwicklung und den Einsatz komplexer Maschinensysteme für die entscheidenden Prozesse in der Pflanzen- und Tierproduktion, bei Transport und Lagerung sowie durch die Schließung von Mechanisierungslücken besonders auch zur Beseitigung körperlich schwerer Arbeit.[1] Dabei

1 Vgl. Bericht des Zentralkomitees der Sozialistischen Einheitspartei Deutschlands an den X. Parteitag der SED, Berichterstatter: Genosse Erich Honecker, Berlin 1981, S. 73.

ist eine verstärkte Aufmerksamkeit auch darauf zu lenken, den rationellsten Einsatz von Energie zu sichern, den Dieselkraftstoffverbrauch zu senken und die Anwendung von Alternativenergie zu gewährleisten. Das kann sich nur schrittweise in Übereinstimmung mit entsprechenden Strukturentscheidungen in der produktionsmittelherstellenden Industrie vollziehen. Für den Vorleistungsbereich sowie die volkseigenen Betriebe und Genossenschaften der Land-, Forst- und Nahrungsgüterwirtschaft ergeben sich dabei große Aufgaben bei der erhöhten Eigenproduktion von Rationalisierungsmitteln.

Viertens besteht eine der grundlegenden Aufgaben der Reproduktion der Grundfonds auf dem Wege der Intensivierung darin, die Nutzungsdauer der Maschinen und Geräte zu erhöhen. Das ist eine Aufgabe von großer volkswirtschaftlicher Bedeutung, die es bei den verschiedenen Maschinengruppen differenziert durchzuführen gilt. Insgesamt jedoch führt das zu einem sinkenden Ersatzbedarf und verbessert die Möglichkeiten für die notwendige erweiterte Reproduktion der Grundfonds, besonders bei Ausrüstungen. Damit verbunden sind einmal die Verbesserung der Pflege und Instandhaltung der Grundfonds innerhalb der Landwirtschaft und zum anderen die Bereitstellung der notwendigen Ersatzteile für eine längere Einsatzzeit und eine solide Qualität und Konstruktion der Landmaschinen, die eine lange Lebensdauer bei hoher Leistung und Verfügbarkeit gewährleisten.

Abschließend möchte ich betonen, daß die Stärkung der materiell-technischen Basis in Durchführung der auf dem X. Parteitag beschlossenen ökonomischen Strategie der 80er Jahre zur weiteren Vertiefung des Bündnisses zwischen der Arbeiterklasse und der Klasse der Genossenschaftsbauern beiträgt und als untrennbarer Bestandteil der weiteren Intensivierung so durchgeführt werden muß, daß die Effektivität der landwirtschaftlichen Produktion verbessert wird. Dazu ist ein höheres Niveau in der Leitung und Planung sowie in der Gemeinschaftsarbeit von Naturwissenschaftlern, Technikern, Technologen und Agrarökonomen eine wichtige Bedingung für die notwendige komplexe Lösung der qualitativ neuen Aufgaben bei der Intensivierung der Landwirtschaft.

G. Lindenau

Infrastruktur als Bestandteil der materiell-technischen Basis der Volkswirtschaft der DDR und ihre Entwicklung im Rahmen der umfassenden Intensivierung des gesellschaftlichen Reproduktionsprozesses

Die Erhaltung, Erweiterung und effektive Nutzung der materiell-technischen Basis der Volkswirtschaft ist weitgehend auch von der ausreichenden Bereitstellung territorialer Produktionsbedingungen in den Gebieten abhängig, so von den territorialen Ressourcen (Arbeitskräfte, Fläche, Wasser), von Baukapazitäten und der Infrastruktur.

Optimale innergebietliche Proportionen, z. B. zwischen Industrie und Bauwesen, zwischen Produktions- und Infrastruktur, sind eine Grundlage für die Durchsetzung des wissenschaftlich-technischen Fortschritts in den Kombinaten und Betrieben mit hohem ökonomischen Ergebnis und damit für die weitere Erhöhung der volkswirtschaftlichen Effektivität schlechthin. Das gehört zu den Erfordernissen der ökonomischen Strategie, die der X. Parteitag beschlossen hat. Dabei muß berücksichtigt werden, daß die materiell-technische Basis der Volkswirtschaft in unterschiedlichem Maße über das Territorium der DDR verteilt ist. Sie ist insbesondere in den industriellen Ballungsgebieten und in den Industriestädten konzentriert. Die unterschiedliche territoriale Konzentration der materiell-technischen Basis erfordert auch unterschiedliche Proportionen der Wirtschaftsstruktur.[1] Zur Durchsetzung der territorialen Arbeitsteilung und damit gleichzeitig als territoriale Voraussetzung der zweiglichen Arbeitsteilung hat die *Infrastruktur* mit ihren gebietsverbindenden und gebietsversorgenden Funktionen eine zunehmende Bedeutung. Die Infrastruktur ist dabei selbst ein wesentlicher Bestandteil der materiell-technischen Basis des Sozialismus; sie umfaßt schätzungsweise 50% der Grundfonds der Volkswirtschaft.[2] Seit etwa 15 Jahren werden durch die Territorialforschung der DDR kontinuierlich Fragen der Infrastruktur bearbeitet. Die Arbeit zeichnet sich durch enge Praxisverbundenheit aus, so daß Analyse und Prognose der Infrastruktur feste Bestandteile der Territorialplanung auf zentraler und örtlicher Ebene geworden sind. Territorialforschung und -planung erfassen unter Infrastruktur die räumlich organisierte und proportional verflochtene Gesamtheit der Einrichtungen und Anlagen der gesellschaftlichen Reproduktion, die als *allgemeine* Produktions- und Lebensbedingungen in *jedem* Gebiet vorhanden sein müssen. Die Infrastruktur dient der Versorgung und Betreuung der Bevölkerung und wird von *allen* Betrieben und Einrichtungen eines Gebietes genutzt.[3] Unter den Bedingungen der ausgeprägten und

1 Diese Zusammenhänge sind aus der Einheit von zweiglicher und territorialer Arbeitsteilung abzuleiten. Hierauf wiesen bereits die Klassiker hin. Vgl. K. Marx, Das Kapital, Erster Band, in: MEW, Bd. 23, Berlin 1962, S. 374; W. I. Lenin, Die Entwicklung des Kapitalismus in Rußland, in: Werke, Bd. 3, Berlin 1956, S. 440.

2 Die Grundfonds der Infrastruktur in den zuständigen Bereichen sind nur ein Teil der Infrastruktur. Hinzu kommen die infrastrukturellen Grundfonds, die der Industrie, dem Bauwesen, der Landwirtschaft unterstehen, der private und genossenschaftliche Sektor (vor allem Dienstleistungsbereich) sowie die gesamte wertmäßig nicht erfaßte Wohnsubstanz.

3 Autorenkollektiv, Territorialplanung, Berlin 1980, S. 178.

sich ständig vertiefenden gesellschaftlichen Arbeitsteilung in der DDR braucht also jeder Betrieb, um überhaupt produzieren zu können, ein komplexes Angebot infrastruktureller Leistungen in den Gebieten und Städten, d. h. an den Standorten der Produktion. In den Gebieten und Städten besteht deshalb ein enger Zusammenhang zwischen der Entwicklung der Produktion und der Entwicklung der Infrastruktur. Jede Entwicklung der Produktion ist mit weiteren Anforderungen an die Infrastruktur verbunden. In einigen Gebieten der DDR wird die Entwicklungsrichtung der Infrastruktur auch weiterhin durch die extensive Ausdehnung der Produktion bestimmt (so in Bergbaugebieten, bei Einordnung von Kernkraftwerken u. a. großen Investitionsvorhaben). Die zunehmend intensive Entwicklung der Produktion in den meisten Gebieten führt, wie Untersuchungen zeigen, ebenfalls zu absolut wachsendem Bedarf an infrastrukturellen Leistungen trotz Sinken des spezifischen Aufwands solcher Leistungen.

Rascher als der quantitative Verbrauch entwickeln sich die Anforderungen der Wirtschaft an die Qualität der Infrastrukturleistungen. Das betrifft die Kontinuität der Versorgung, die Einhaltung einer gleichmäßig hohen Qualität in bezug auf Spannung bzw. Druck bei Energie und Wasser, auf Reinheit bzw. Zusammensetzung bei Wasser und Gas und die Durchsetzung einer komplexen, in den Proportionen auf den Bedarf abgestimmten Versorgung.

Auch die Anforderungen an die soziale Infrastruktur erhöhen sich vor allem in qualitativer Hinsicht. Eine modernere Produktion verlangt ein hohes Bildungsniveau der Werktätigen und ein dem Produktionsniveau entsprechendes Niveau der Lebensbedingungen. Der Effekt von Wissenschaft und Technik in der Produktion wird also durch die qualitative Leistungsfähigkeit der komplexen Infrastruktur beeinflußt. Wegen des objektiv bestehenden engen Zusammenhangs zwischen der Leistungsfähigkeit der Infrastruktur und der Effektivität der Volkswirtschaft gewinnt die Infrastruktur für die Wirtschaftswissenschaft der DDR zunehmende Bedeutung. Die DDR ist eines der Länder der Erde, die über ein besonders dichtes Netz der technischen und sozialen Infrastruktur über das ganze Land verfügt. Die Infrastruktur der DDR bot also im Prinzip bisher in allen Landesteilen Voraussetzungen für ein hohes Produktions- und Lebensniveau. Ein besonders umfangreiches und komplexes Angebot infrastruktureller Leistungen gibt es in den industriellen Ballungsgebieten, vor allem in den Industriestädten. Dieses komplexe Vorhandensein der Infrastruktur ist einer der großen ökonomischen Vorzüge der Ballungsgebiete, die zur ständigen Anziehungskraft für die Produktion wird. Diese Infrastruktur besteht seit vielen Jahrzehnten, z. T. sind ihre Standorte seit Jahrhunderten stabil. Sie ist also zu etwas Selbstverständlichem geworden. Bemerkbar macht sich die Infrastruktur vor allem dann, wenn sie nicht funktioniert, d. h. entweder nicht ausreichend vorhanden ist, durch Havariefälle beeinträchtigt wird oder die Qualität ihrer Leistungen nicht den Ansprüchen genügt.

In den vergangenen Jahrzehnten wurden umfangreiche Investitionen für die Erweiterung der Infrastruktur in der DDR realisiert. Das gilt vor allem für die Durchführung des Wohnungsbauprogramms von Partei und Regierung. Das betrifft ferner die Maßnahmen zur Stabilisierung des Trinkwasserangebots durch ein umfangreiches System von Talsperren und Wasserfernleitungen, die Entwicklung eines dichten Versorgungsnetzes der sozialen Infrastruktur in ländlichen Gebieten sowie weitere Extensivmaßnahmen der sozialen und technischen Infrastruktur. Die Investitionen in der Infrastruktur wurden also auf notwendige Erweiterungen konzentriert. Jahr für Jahr wurden damit bedeutende Teile des Nationaleinkommens für den Ausbau und den Betrieb der Infrastruktur ausgegeben. Die territoriale Infrastruktur erhielt z. B. ein Viertel aller Investitionen der Volkswirtschaft. Diese Bestandteile des Nationaleinkommens werden nicht direkt für die weitere Entwicklung der Produktion wirksam und auch nicht unmittelbar in der Konsumtion verwandt. Jede extensive Erweiterung der Infrastruktur ist mit einer im allgemeinen hohen Inanspruchnahme von zusätzlicher Fläche, von Arbeitsvermögen, mit einem hohen Energieverbrauch und weiteren Anforderungen an die Territorien verbunden.

Es war materiell nicht möglich, gleichzeitig mit den Erweiterungen eine normale Reproduktion und Modernisierung der vorhandenen Netze und Einrichtungen zu gewährleisten. In verschiedenen Gebieten und besonders in alten Industriestädten ist die Infrastruktur deshalb überdurchschnittlich verschlissen. Das behindert die weitere effektive Entwicklung der Produktion und die planmäßige Erhöhung der Versorgungssicherheit der Bevölkerung. Die volle Funktionsfähigkeit der Infrastruktur als allgemeiner Produktions- und Lebensbedingung muß in allen Gebieten erreicht werden, das ist ein wichtiges Erfordernis zur Erfüllung der ökonomischen und sozialen Zielsetzungen der nächsten Jahre und Jahrzehnte.

Die weitere Entwicklung der Infrastruktur kann nur im Rahmen und mit den Methoden der intensiv erweiterten Reproduktion der gesamten Volkswirtschaft erfolgen. Die Leistungsfähigkeit der Infrastruktur muß vor allem durch die Erhöhung ihres wissenschaftlich-technischen Niveaus verbessert werden. Rückstände im Niveau von Wissenschaft und Technik in der Infrastruktur gegenüber den Hauptproduktionsbereichen müssen abgebaut werden. Für die Intensivierung in der Infrastruktur müssen dabei bestimmte Besonderheiten berücksichtigt werden. Die Spezifik der Intensivierung der Infrastruktur ergibt sich aus ihrer *Funktion,* jederzeit für Wirtschaft und Bevölkerung in den Gebieten und größtenteils an den Orten des Bedarfs zugriffsbereit zu sein. Im Vordergrund steht die Aufgabe, die infrastrukturellen Lebensbedingungen für alle Menschen des Landes zu sichern und ständig zu verbessern. Gleichzeitig muß die kontinuierliche Versorgung der Produktion an ihren Standorten durch die Infrastruktur gewährleistet werden.

Die Erfüllung dieser Doppelfunktion der Infrastruktur ist durch die Maßnahmen der Intensivierung weiter zu verbessern. Die Intensivierung der Infrastruktur muß deshalb auf die bedarfsgerechte infrastrukturelle Versorgung in den Gebieten und Siedlungen mit gleichbleibender bzw. erhöhter Qualität und Quantität der Leistungen gerichtet werden. Gleichzeitig orientiert sie auf geringen Aufwand an Kosten und Investitionen, an Arbeitsplätzen, Grundfonds, Fläche, Energie u. a. Ressourcen.

Dieses spezifische Ziel der Intensivierung der Infrastruktur entspricht ihren Aufgaben, für die Volkswirtschaft die territorialen Reproduktionsbedingungen zu gewährleisten. Der Effekt der Intensivierung der Infrastruktur ist dieser Stellung im volkswirtschaftlichen Reproduktionsprozeß untergeordnet. Nur ein Teil des Intensivierungseffekts der Infrastruktur wird auch in der Ökonomie der Infrastruktur sichtbar; der Haupteffekt entsteht in der Produktion, zeigt sich als Verbesserung des Lebensniveaus und ist in beiden Fällen nicht oder nur schwer zu quantifizieren.

Eine weitere Besonderheit der Intensivierung der Infrastruktur besteht darin, daß sie auf die rationelle Verwendung und auf eine Senkung des Verbrauchs infrastruktureller Leistungen durch die Nutzer orientiert. Wesentliche Intensivierungsmöglichkeiten der Infrastruktur liegen deshalb außerhalb ihrer Bereiche.

Der wissenschaftlich-technische Fortschritt in der Produktion muß auch dem rationellen Einsatz der Infrastruktur dienen. Das liegt im gesamtgesellschaftlichen Interesse, denn die angespannten Reproduktionsbedingungen der Volkswirtschaft lassen eine weitere Belastung durch eine mit hohem Aufwand verbundene stark extensive Entwicklung der Infrastruktur nicht zu. Der Aufwand für die Infrastruktur muß mit höchstem volkswirtschaftlichem Effekt in der Produktion eingesetzt und das Sparsamkeitsregime bei wertvollen Ressourcen wie Energie, Wasser und Fläche konsequent durchgesetzt werden.

Durch Intensivierung in der Infrastruktur selbst kann das enge Netz von Kapazitäten in der DDR besser genutzt und leistungsfähiger gestaltet werden. Der wissenschaftlich-technische Fortschritt muß vor allem auf der Basis vorhandener Kapazitäten durchgesetzt werden, nicht mehr rekonstruktionswürdige Anlagen müssen dabei ausgesondert werden. Aber auch die Durchsetzung des wissenschaftlich-technischen Fortschritts in der Infrastruktur ist ihren Versorgungsaufgaben untergeordnet. Die für den Einsatz von wissenschaftlich-technischen Neuerungen erforderliche Konzentration und Spezialisierung der Infrastruktur kann nur in Abhängigkeit von der Bedarfskonzentration durchgesetzt werden.

Nur ein Teil der Kapazitäten der Infrastruktur untersteht den Bereichen der Infrastruktur, z. B. befinden sich etwa 50% der Wärmeversorgungsanlagen nicht im Verantwortungsbereich der Energiekombinate. Deshalb liegen bedeutende Möglichkeiten einer rationelleren Nutzung der Infrastruktur im komplexen Einsatz aller Kapazitäten eines Territoriums, unabhängig von ihrer Unterstellung. Durch territoriale Rationalisierung wurden viele dieser Reserven bereits erschlossen. Teilweise gibt es aber gerade auf diesem Gebiet noch ein Ressortdenken.

Einrichtungen der technischen Infrastruktur in den Betrieben (Anlagen der Wärmeversorgung, Wasserförderungsanlagen, Fuhrpark) und Einrichtungen der sozialen Infrastruktur (wie Betriebspolikliniken, -kulturhäuser, -krippen und -kindergärten) verfügen noch häufig über Reserven oder sind mit relativ geringem Aufwand im allgemeinen Interesse ausbaufähig. Es werden aber auch in einer Reihe von Betrieben volkswirtschaftlich völlig uneffektive Anlagen der Infrastruktur betrieben.

Es geht jetzt um eine den sozialistischen Eigentumsverhältnissen entsprechende infrastrukturelle Versorgung in den Städten und Gebieten auf der Basis aller vorhandenen infrastrukturellen Einrichtungen und Anlagen. Die konzentrierte, aufeinander abgestimmte Nutzung der gesamten Infrastruktur ist die Basis für die Erschließung von Reserven, für eine vernünftige Aussonderung veralteter Anlagen und für die Durchsetzung einer effektiveren Konzentration der Infrastruktur in der weiteren Entwicklung mit konsequenterer Investitionskoordinierung als bisher.

Die Intensivierung der Infrastruktur ist also sehr vielseitig; sie umfaßt die Intensivierung innerhalb der Kapazitäten, Einrichtungen, Bereiche der Infrastruktur selbst, die Intensivierung zur rationellen Verwendung der Leistungen der Infrastruktur in allen Betrieben und Einrichtungen eines Gebietes und eine Standortverteilung der Produktivkräfte, die den rationellen Einsatz von Leistungen der Infrastruktur unterstützt, einschließlich Maßnahmen der territorialen Rationalisierung.

Im Rahmen der Arbeiten am Generalschema der Standortverteilung der Produktivkräfte befaßt sich die Forschung gemeinsam mit den Bezirksplankommissionen z. Z. mit den Intensivierungsmöglichkeiten für die Infrastruktur in Großstädten und ausgewählten Mittelstädten der DDR.

Vor einigen Jahren wurde der infrastrukturelle Investitionsaufwand für 25 Städte für 15 Jahre ermittelt. Er war wegen seiner Höhe volkswirtschaftlich nicht zu realisieren. Es geht in den jetzigen Untersuchungen darum, diesen Aufwand bei Sicherung der infrastrukturellen Versorgung dieser Städte zu senken. Dabei werden sehr vielfältige Fragen untersucht, so die rationelle infrastrukturelle Einordnung des Wohnungsbaus im Rahmen der Generalbebauungsplanung unter Leitung der Bauakademie und um die Ermittlung rationeller Wege zur komplexen Versorgung der Städte unter

Einbeziehung aller Potenzen der Städte auch unter Beteiligung von Industriekapazitäten.

Ein Schwerpunkt ist die Intensivierung der technischen Infrastruktur. Die wichtigste Frage der Intensivierung der technischen Infrastruktur in den Städten ist die Reduzierung des spezifischen Verbrauchs und in einigen Fällen auch des absoluten Verbrauchs an Leistungen der technischen Infrastruktur in der Produktion, aber auch im Wohnungsbau.

Am Beispiel der Wärmeversorgung soll erläutert werden, welche Fragen wir u. a. beachten:

- Nutzung von Anfallenergie aus der Industrie für die Wärmeversorgung,
- Einsparung von Wärmeenergie beim Anwender (Wärmedämmung im Wohnungs-, Industrie- und Gesellschaftsbau, Nachrüstung von Einrohr- auf das Zweirohrsystem bei der Heizung von Wohnungen und gesellschaftlichen Einrichtungen),
- Abbau von Bedarfsspitzen (Schichtbetrieb und Arbeitszeitstaffelung, Staffelung der Öffnungszeiten gesellschaftlicher Einrichtungen, Aufstellung von Wärmespeichern),
- Senkung von Verlusten bei der Fortleitung von Wärme (Senkung der Wärmeverluste im Rohrnetz durch bessere Isolierung der Rohre, volle Rückführung des Kondensatwassers im Dampfsystem),
- Einsatz der Wärmepumpe,
- Rekonstruktion und Erweiterung von vorhandenen Heiz- und Heizkraftwerken zur Erhöhung der Leistung.

Wir berücksichtigen aber auch Substitutionsmöglichkeiten mit einem hohen Effekt, z. B. Einsatz von Brauchwasser statt Trinkwasser, in bestimmten Fällen Einsatz von Elektrizität statt Gas, verstärkte Nutzung von Transportmöglichkeiten auf Binnenwasserstraßen u. a.

Eine vorrangige Frage der technischen Infrastruktur ist die Senkung der Verluste, die durch Überalterung der Netze entstehen. Nach ersten Ergebnissen der Untersuchung in Halle könnten durch ordnungsgemäße Instandhaltung mindestens 10% des gesamten Trinkwasserverbrauchs und 2–4% des Wärmebedarfs eingespart werden. Eine Senkung von Störungen im Verkehrswesen würde erhebliche Verluste an Arbeitszeit und Freizeit beseitigen.

Die stärkere Zentralisierung und Konzentration muß in der technischen Infrastruktur der Städte langfristig durchgesetzt werden, um die vorhandenen Kapazitäten besser zu nutzen, wenig effektive veraltete Anlagen auszusondern bzw. nur als Reserve für Spitzen- oder Havariebedarf zu nutzen. Durch solche Maßnahmen könnte eine erhebliche Anzahl an Arbeitsplätzen eingespart werden. So werden z. B. zur Zeit etwa 50% der Wärmeenergie in nichtöffentlichen, häufig sehr kleinen veralteten Anlagen erzeugt, die langfristig im Interesse eines rationellen Einsatzes der Primärenergie konzentriert werden müssen. Gegenwärtig ist vorrangig der Erdöleinsatz für die Wärmeerzeugung abzulösen, so daß die Frage der Konzentration auch in diesem Zusammenhang gestellt werden muß.

Durch die Untersuchungen zur Infrastruktur und rationellen Organisation der Infrastruktur in den größten Städten der DDR sollen Reserven für die Erhöhung der Effektivität der Volkswirtschaft aufgedeckt werden. Wir konzentrieren uns in unseren Untersuchungen u. a. deshalb auf diese Städte, weil sie als Konzentrationspunkte der Industrie zu den Hauptquellen unseres Nationalreichtums zählen. Die Infrastruktur muß deshalb gerade in diesen Städten den wachsenden Anforderungen der modernen Produktion und dem Bedarf der Bevölkerung angepaßt werden. Diese Untersuchungen werden durch Aussagen zur territorial differenzierten Entwicklung der Infrastruktur in der DDR ergänzt.

Die Grundlinien zur prognostischen Entwicklung der Infrastruktur werden von Territorialforschern und -planern, Städteplanern und Vertretern der Zweige der Infrastruktur gemeinsam erarbeitet. Wir sind aber der Meinung, daß den territorialen Proportionen und den Fragen der Infrastruktur entsprechend ihrer volkswirtschaftlichen Bedeutung künftig in der Forschung eine noch größere Beachtung geschenkt werden sollte. Es geht dabei um eine bessere Bestimmung der Stellung der Infrastruktur innerhalb der volkswirtschaftlichen Proportionen.

ABHANDLUNGEN
DER AKADEMIE DER WISSENSCHAFTEN DER DDR
Abteilung Veröffentlichungen der Wissenschaftlichen Räte

Tagungen des Wissenschaftlichen Rates
für die wirtschaftswissenschaftliche Forschung

Zuletzt erschienen:

5. Tagung der Gemeinsamen Kommission der Ökonomen der UdSSR und der DDR Nr. W 7/1979
Fragen der wissenschaftlich-technischen und ökonomischen Zusammenarbeit UdSSR/DDR

29. Tagung vom 16.–17. 10. 1979 Nr. W 2/1980
Zentrale Konferenz der DDR
Zur Verbindung von wissenschaftlich-technischer Revolution und Sozialismus

30. Tagung vom 29. 4. 1980 Nr. W 3/1980
Zur Leitung und Planung der Kombinate

32. Tagung vom 14.–15. 10. 1980 Nr. W 5/1981
Wirtschaftswissenschaftliche Konferenz
Theoretische Fragen der sozialistischen ökonomischen Integration

33. Tagung vom 2. 6. 1981 Nr. W 2/1982
Wirtschaftswissenschaftliche Forschungsaufgaben nach dem X. Parteitag der SED

34. Tagung vom 3. 11. 1981 Nr. W 3/1982
Fragen der weiteren Stärkung der materiell-technischen Basis

In Vorbereitung:

7. Tagung der Gemeinsamen Kommission der Ökonomen der UdSSR und der DDR Nr. W 4/1982
Die Verbindung von Wissenschaft und Produktion in den Produktionsvereinigungen der UdSSR und den Kombinaten der DDR

35. Tagung vom 26. 1. 1982 Nr. W 5/1982
Zur sozialistischen Rationalisierung in Industriekombinaten

36. Tagung vom 11. 5. 1982 Nr. W 6/1982
Zur weiteren Vervollkommnung der wissenschaftlichen Arbeitsorganisation

ISSN 0302-8054